読みなおす日本史

伊達騒動と原田甲斐

小林清治

吉川弘文館

目　次

〝先代萩〟と〝樅ノ木〟

伽羅先代萩

いわゆる「伊達騒動」は、これまで、歌舞伎『伽羅先代萩《めいぼくせんだいはぎ》』をとおして、ひろく知られてきた。

——奥州の太守足利家の幼君鶴千代《つるちよ》をなきものにしようとする悪臣仁木弾正《にっきだんじょう》と、これを守護する忠臣荒獅《あらじ》子《し》男《おとこ》之助《のすけ》との対決。愛児を身がわりにして幼君を守りぬく政岡《まさおか》。この二つの趣向を組みあわせることによって『先代萩』は、単純な善玉・悪玉の対立におわることなく、主君への忠義と親子の愛情という、義理と人情の葛藤《かっとう》のなかで義理をつらぬいてゆく政岡に大きくスポットをあてる。『先代萩』が観客の人気を集め、歌舞伎として長い生命をもっているのは、このような構成によるものであろう。

『伽羅先代萩』は、つぎのようなあらすじで展開する。

——幼君鶴千代が乳母《うば》政岡の子千松《せんまつ》と大名行列のまねをして遊んでいるところに、仁木弾正の妹八《や》汐《しお》が田村《たむら》右《う》京亮《きょうのすけ》の妻沖《おき》の井《い》とともに登場し、鶴千代に食膳をすすめ、また女医小槙《こまき》の針術を受けさせようとする。鶴千代は箸《はし》をとらず、政岡は針術を拒否する。鶴千代殺害などの計画に失敗した八汐

竪《たて》引《びき》両《りょう》
奥州征伐の功により、源頼朝から賜わったと伝える。伊達家の最もふるい紋

は、沖の井とともに退場する（第二幕竹の間）。

幼君鶴千代を毒殺の危険から守るために、政岡はみずから三度の食事をつくり、千松に毒味をさせてから鶴千代にすすめる。不自由な飯炊《ままた》きに空腹をかかえた千松の「腹はすいてもひもじゅうない」という名文句は、この場面でのせりふである。

つぎに、管領《かんれい》山名持豊の奥方栄《さかえ》御前《ごぜん》が八汐らをしたがえて登場し、毒入りの菓子をすすめる。かけよった千松は、鶴千代の身がわりにそれをたべ、残りを足げにする。毒がまわって苦しむ千松を、八汐は懐剣でのどをさして殺害する。このありさまを目前にしながら政岡は、無礼者千松の成敗は当然と、涙ひとつみせない。政岡の平静ぶりに栄御前は、政岡が千松と鶴千代を取りかえておいたものと勘違いし、政岡も悪人の一味と認めて、連判状を渡して去る。

政岡ははじめてわが子の死骸にとりすがって泣きふす。千松をほめ、主君のためとはいいながら、子どもを見殺しにした母親政岡の嘆きの独白《モノローグ》の場面は、『先代萩』いちばんの見せ場である。

一方、この様子をかげでみていた八汐が、おどりでて政岡に斬りかかる。政岡はこれを刺してわが子の仇《あだ》をうつ。そのとき、一ぴきの鼠が現われ、連判状をくわえて逃げ去る（第三幕御殿の場）。

ついで、御殿の舞台がせりあがると、床下から忠臣荒獅子男之助が現われる。顔を紅《べに》でくまどり、そり身の太刀に鉄扇《てつせん》をかまえ、足下に大鼠をふまえている。男之助が鉄扇で鼠をうつと、鼠は巻物をくわえたまま消える。と、白煙の立つなかから、鼠色の衣裳をつけた顔面蒼白の仁木弾正が、巻物をくわえてせりあがる。男之助と弾正の互角の闘いのすえ、弾正は巻物を懐におさめて退場する（第三幕床下の場）。

大詰の対決では、山名宗全の不公平な裁判に忠臣渡辺外記左衛門《わたなべげきざえもん》が窮地に立っているとき、細川勝元が登場して状勢が変わり、仁木弾正の服罪が決定する（第四幕対決）。

外記左衛門が愁眉をひらいているところを弾正が前非を悔いて連判状を渡すとみせかけて、にわかに短刀でさす。渡部民部・笹野才蔵がかけつけて弾正をおさえ、外記左衛門を助けて弾正に止《とど》めを刺す。そこに細川勝元があらわれて、外記左衛門の忠義をほめ、鶴千代の足利家相続と本領安堵をつげる。外記左衛門は安心して息をひきとる（第五幕刃傷）。

なお、鶴千代が伊達亀千代（のちの綱村）、仁木弾正が原田甲斐、渡辺外記左衛門が伊達安芸、山名宗全が酒井雅楽頭《うたのかみ》、細川勝元が板倉内膳正《ないぜんのかみ》をあらわしていることはいうまでもない。

「伊達騒動」は、万治三年（一六六〇）の伊達綱宗の逼塞・隠居にはじまり、寛文十一年（一六七一）老中酒井雅楽頭邸での原田甲斐の刃傷とそれに続く伊達兵部以下の処刑でおわっている。仙台藩ではこれを「伊達騒動」とよばず、「寛文事件」とよんだ。

この「騒動」がはじめて芝居にしくまれたのは、事件から四十数年後の正徳三年（一七一三）、江戸市村座で『泰平女今川』の題で、歌舞伎狂言が上演されたときのことだといわれ、また延享三年（一七四六）江戸森田座の『大鳥毛《おおとりげ》五十四郡』の上演がそれであるともいわれる。安永六年（一七七七）、

『伽羅先代萩』と題する歌舞伎狂言がはじめて大坂で上演され、天明五年（一七八五）江戸結城《ゆうき》座での人形浄瑠璃《にんぎょうじょうるり》『伽羅先代萩』によって、『先代萩』の定本ができあがった。

寛政十一年（一七九九）に江戸中村座で上演された『大三浦伊達夜引』が、『伽羅先代萩』九段のうちの第六段（竹の間・御殿の場・床下）だけを採りくわえて歌舞伎狂言として演じたその後は第六段だけが伝わるようになり、これがもう一つの系統の『伊達競阿国劇場《だてくらべおくにかぶき》』（安永七年初演）の内容とつきあわされて、現在の四幕物の『伽羅先代萩』が生まれたといわれている。

江戸時代以来現在、あるいは少なくとも敗戦前にいたるまで、ながい年代にわたって多数の観客を動員し、またこれに関連する講談などによってさらに大きな影響をあたえてきた歌舞伎『伽羅先代萩』は、逆に「伊達騒動」を有名なものにした。

けれどもそのために、少なくとも敗戦前まで、多くのひとびとは、歌舞伎『先代萩』によって「伊達騒動」＝寛文事件を知るにとどまったのである。

樅ノ木は残った

昭和二十九年から三十一年にかけて、作家山本周五郎は、この事件を主題とした長編小説を日本経済新聞に連載し、昭和三十三年これを一本にまとめて出版した。いうまでもなく、『樅ノ木は残った』がそれである。

――万治三年（一六六〇）仙台藩主伊達綱宗は、酒井雅楽頭と伊達兵部の密約によって幕府から隠居を命じられる。綱宗の子息亀千代が家督相続を許され、兵部と田村右京が後見となる。その後、兵部の専横と陰謀が展開されるが、原田甲斐は兵部のたくらみよりも、さらに巨大な幕府による伊達家とりつぶしの謀計を見ぬき、伊達家の安泰のために、家中に紛争を起こさせず万事を穏便にとりはからおうと努力する。

甲斐は、伊達安芸・茂庭周防《もにわすおう》と密約をかわし、たがいに不和をよそおって兵部らの陰謀に対処しようとする。周防の妹にあたる妻の律《りつ》を離別し、兵部をあざむいてその腹心となる一方、兵部のしくむ謀略をもみけして伊達家中の紛争を極小におさえるために、他方では伊東新左衛門や柴田外記らの忠臣をあざむく。兵部がはかった毒殺事件に対しても、単なる食あたりとして始末してしまうような態度をとる。

兵部は伊達式部を煽動して、伊達安芸に境論をしかけさせる。はじめは甲斐との密約によって自重していた安芸も、ついには堪忍《かんにん》の緒をきって、幕府に提訴する。甲斐にいわせれば、安芸の行動は幕府、酒井雅楽頭および兵部の思うつぼであった。

甲斐は加賀の前田家および薩摩の島津家、さらには後西《ごさい》上皇の生母蓬春門院《ほうしゅんもんいん》を介して上皇（綱宗のいとこに当たる）に斡旋を依頼しようとするが、連絡はとれぬままにおわる。

最後の段階になって酒井雅楽頭は、将軍補佐保科正之《ほしなまさゆき》・老中板倉内膳正の思わくを考慮して、伊達六十万石に手をつけることを断念する。しかし、兵部との密謀のもれることを防ぐために、これを知る甲斐をはじめ柴田外記・古内志摩《ふるうちしま》および伊達安芸をみな殺しにしようと考える。

寛文十一年（一七六一）三月二十七日の審問は板倉邸から急遽酒井邸に移され、甲斐らはそこで酒井家臣の手で斬られる。しかも甲斐は、最期にのぞんでも、この謀計を決定的にほうむり去るために、〝自分が乱心して安芸を斬った〞ことにしたてる。原田甲斐悪逆の評の確定という犠牲によって、伊達六十万石は安泰となったのである。――

このようなあらすじの『樅ノ木は残った』は、いまテレビ放映によって、小説として発表された当初とは比較にならぬ大きな人気を博することになった。膨大なテレビ視聴者を獲得した『樅ノ木は残った』は、「伊達騒動」についての新しいビジョンを人びとにあたえている。その鮮明なビジョンは、歌舞伎『先代萩』が長年にわたって定着させてきたビジョンと、まさに対決するかたちをとっているといえよう。

相反するふたつのビジョン

『先代萩』は忠臣渡辺外記左衛門〈伊達安芸〉、荒獅子男之助、政岡に対する逆臣仁木弾正〈原田甲斐〉という、〈忠臣＝善玉〉対〈逆臣＝悪玉〉の勧善懲悪《かんぜんちょうあく》的道徳観にたっている。『樅ノ木』はこのようなせっかちなみかたをこえて、幕府対伊達家という大きな政治的視野から、単純一徹者の伊達安芸らに対する政治家原田甲斐に照明をあてる。

「伊達騒動」についてのこのふたつのビジョンは、もともと価値判断の基準を異にしているために、すぐにはかみあわないのだが、しかし、甲斐と安芸についての評価が逆転しているという意味では、まっこうから対立するということができる。

ところで、いうまでもなく『先代萩』と『樅ノ木』は、芸術・文学作品としての性格上、その構成は、事実と虚構とをないまぜにあやなしている。たとえば、『先代萩』のヒロインにしたてられている政岡は、実在の人物ではない。『樅ノ木』の甲斐をめぐる三人の女性もその存在を史料から確認することはできない。甲斐の妻律は茂庭周防定元の妹とされているが、正しくは甲斐の妻は津田《つだ》豊前《ぶぜん》頼《より》康《やす》の娘であり、頼康の妻が定元の姉である（茂庭系図参照）。少なくとも〝定元の妹、甲斐の妻律《りつ》〟の実在は否定されるのである。『先代萩』と『樅ノ木』が、そのほかにも多くの虚構すなわちフィクションをふくんでいることはいうまでもない。

わたくしがこの本で追究するのは、「伊達騒動」の事実、いわゆる真相である。いったい「伊達騒動」＝寛文事件の真相ないし、歴史像は、ごく大ざっぱにいって、『先代萩』と『樅ノ木』のどちらに近いのだろうか。あるいはまた、それらとはまったく違った第三の像を構成するのだろうか。しばらくのあいだ、『先代萩』や『樅ノ木』をはなれて、「伊達騒動」の事実経過をさぐってみることにしよう。

〝伊達騒動実録〟と〝先代萩の真相〟

蟹《かに》牡《ぼ》丹《たん》
綱村が近衛基熙から贈られた紋をくずして伊達の家紋とした

伊達騒動実録

明治四十二年（一九〇九）、文学博士大槻文彦《おおつきふみひこ》は『伊達騒動実録』という乾坤《けんこん》二巻の大著を東京の吉川弘文館から刊行した。「此事件につきて、世には、小説に、軍談に、歌舞妓（伎）に、年ごろ、あらぬ事を作りものしてもてはやし、まことの事跡は、いとどしくおしかすめられてあり」。その序言の一句にあるように、この書物は「伊達騒動」についての「あらぬ事」（虚構）を排除し、「まことの事跡」（事実）を究明しようとする歴史研究の立場にたっている。

そしてこの『実録』は、「伊達騒動」に関する最初の本格的研究となったのである。

もちろん、その以前に、この事件の真相の追究を意図した書物が、まったくなかったわけではない。すでに、「騒動」がおさまってから約半世紀後の享保二年（一七一七）に、仙台の修験（山伏）常楽院《じょうらくいん》舜一《しゅんいつ》があらわした『兵甲記《ひょうこうき》』をはじめとして、おなじ年に『仙台懲毖録《せんだいちょうひろく》』、享保十九年『家蔵記《かぞうき》』、さらに幕末の嘉永二年（一八四九）には『尽忠録《じんちゅうろく》』などの書物が編さんされていた。これらのうちで、『兵甲記』『懲毖録』『家蔵記』などが、写本としてごく少数の人にしか読まれなかったのに対して、伊達安芸家の臣斎藤順治（竹堂）の『尽忠録』は、明治十四年に活版本として刊行され、より多くの人びとの目にふれることになった。それにしても、その読者の範囲は、だいたい仙台地方の限られた層にすぎなかったとみられる。またその内容も、研究書とよぶには、ほど遠いものであった。

ここで、『伊達騒動実録』の著者大槻文彦とその『実録』著述の事情にふれておこう。『伊達騒動実録』の著者大槻文彦の名はほとんどしられていないが、あの画期的な国語大辞書『大言海』の著者大槻文彦を知る人は多いだろう。文彦はまた、有名な蘭学者大槻玄沢《おおつきげんたく》（磐水）の孫にあたる。玄沢の長男磐里《ばんり》（玄幹）も蘭学者、次男磐渓《ばんけい》（清崇）は儒学者として幕末日本の思想学問に大きな足跡をしるした。磐渓の長男如電《じょでん》（清修）もまた文学者としてあらわれ、歴史・地理・演劇などの著書をのこした。文彦はその弟である。大槻家の同族にはまた、蘭医大槻俊斎がいる。

磐水・磐里および磐渓の「磐」に示されたように、大槻家は岩手県磐井《いわい》郡の旧家である。代々大肝《おおきも》煎《いり》（大庄屋）を世襲し、玄沢の父の世には、一ノ関侯田村氏に家臣として仕えた。田村家は大名とはいえ、仙台藩の支藩という形になっており、したがって大槻氏は仙台藩士である。

大槻家系図

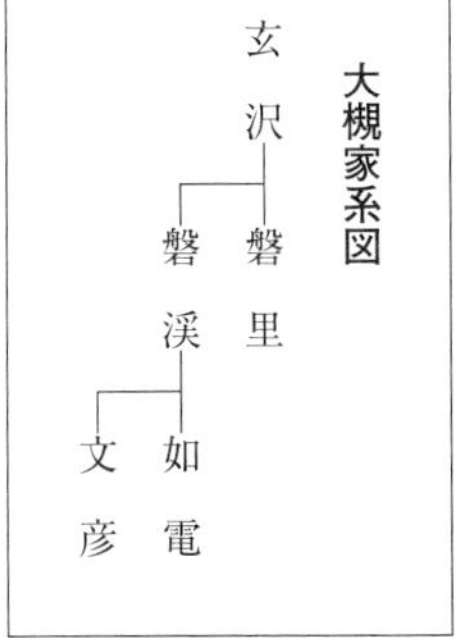

文彦は明治六年、仙台師範学校の設立と同時に、校長に就任した。二十六歳である。父磐渓がかつて仙台藩校養賢堂の学頭だった因縁もあったらしい。二年後の明治八年には同校長を退任し、

文部省で『言海』の編さんに従事すること一〇年、明治二十四年にその刊行を完成した。その間、一時第一高等中学校（東大教養学部の前身）の教諭となったが、明治二十五年宮城県尋常中学校（仙台一高の前身）校長と宮城県書籍館《しょじゃくかん》（宮城県図書館の前身）館長を兼任した。数年後それを退任して、仙台を去って東京に移り、晩年を『言海』の改訂増補（『大言海』）に没頭し、昭和三年八十二歳で死去した。『大言海』が刊行されたのは死後である。

「仙台旧臣」と称する大槻文彦は、その間、伊達家の依嘱をうけて、明治三十三年、伊達七世行朝《ゆきとも》の南北朝時代の活躍を記して『伊達行朝勤王事歴』三巻をあらわした。そして、明治四十二年に刊行したのが『伊達騒動実録』である。このとき、博士は六十三歳になっていた。

『実録』の意図

乾坤二巻一四〇〇ページにのぼるこの大著の序言で、大槻文彦はつぎのようにのべている。

この事件について、世間では、小説・軍談・歌舞伎に虚構をしたて、正しい事実はいちじるしく隠ぺいされてきた。わが祖父玄沢はこれをなげき、事件の実録をつくろうと志して、史料を集めた。伯父磐里はそれを増補して、『寛文秘録』と題する書物を編さんしたが、史料しゅう集に困難な時代のこととて、なおものたりない点があった。自分は、あらたに編さんのことを志して、明治二十五年から史料しゅう集を開始した。伊達家・田村家および伊達安芸の子孫とその家臣の諸家、さらには事件当時藩政に関係した門閥諸家の記録・文書の類を写し集め、また旧仙台領内の諸家の所属する当時の文書などを一通二通と探索して書写し、その他旧幕府の記録なども閲覧書写した。こうして一〇年、記載の史料はついに三十余巻に達した。

そこで、明治三十五年から編さんにとりかかり、また数年を経過して、前後一六年をかけて、ついに完成することができた。事件の顚末は、ここにはじめて明らかになったのである。

『実録』編さんのしごとは、ひとり文彦だけの業績ではなく、祖父玄沢から伯父磐里、さらに文彦へと継承された、大槻家の一事業だったことがしられる。文彦は、『実録』刊行の一つの目的が、祖父・伯父の遺志を達成して、その霊をなぐさめることにあったといっている。そして、序言にのべられた、文彦自身の史料しゅう集の努力と苦心を如実にしめすように、『実録』には諸家の膨大な記録・文書が、一字をもゆるがせにしない厳密な校訂によって収録されている。

刊行後六〇年以上もたった今日でも、「伊達騒動」を研究しようとするものが、まず第一に閲読しなければならないのは、大槻『実録』である。史料の散逸の傾向がいちじるしい現在、『実録』に収録された文書ですでに失われたものも少なくない。『伊達騒動実録』は、「伊達騒動」についての画期的な業績であるとともに、その史料的価値はまさに不滅である。

大槻はのべている。「祖父・伯父の世は、秘密の世なりき。縦《たと》ひ、事実の材料を得たりとも、世に発表することを得ざりけむ。然《しか》るに今、開明の気運、あまねく世の秘府を開くに至り、おのれ文彦、こゝに生《うま》れあひて、大《おほい》に史料の蒐集《しうしふ》に力を尽すことを得て、終《つひ》に、この書を大成し、刊行して、その遺志を達したり」。膨大な史料を掲載した『実録』の公刊は、明治の「開明の気運」によって、はじめて可能となったのであった。

ところで、『実録』のねらいは、「まことの事跡」を明らかにすることにあった。「まことの事跡」とは、具体的になにを意味するのか。大槻文彦は、はじめこの著書を『伊達顕忠録』と名づけようとしたが、〝その書名では、「伊達騒動」をとりあつかった内容がすぐには了解されない〟という友人の意見にしたがって、これをあらためたとのべている。大槻のいう「まことの事跡」が、序言にかかげる「忠臣の跡《あと》」であることは、この書名の決定のいきさつからも確実にうかがうことができよう。

『実録』は「伊達騒動」の真相をつぎのように要約している。「世には、寛文仙台の悪政に付きては、偏《ひとへ》に兵部少輔・原田甲斐を称すれど、其実《そのじつ》、奸魁《かんかい》は、渡辺金兵衛・今村善太夫にて、兵部、固《もと》より驕横なれど、奸魁に簸弄《はろう》（もてあそぶ）せられてありし痕跡なきにあらず、而《しか》して甲斐は、奸魁に附随雷同せし姿なり、……兵部は固より政権の主たれば、張本の罪、逃るゝこと能《あた》はず、甲斐は国老なれば、一人出《い》でゝ、被告の局面に当りて、罪自ら一身に帰し、殊《こと》に兇行世に隠れなく伝説せられ、悪名独り高くして、真の巨魁は、甚しく世に知られず、奸人にも、亦《また》、幸不幸ありと謂《い》ふべし」。大槻はこのようにのべて、第一の悪臣として渡辺金兵衛・今村善太夫をあげる。

この点は、たしかに小説・軍談・歌舞伎の説を批判訂正したものである。『実録』が、高尾・政岡などについての虚伝を否定した功績も、また高く評価されねばならない。

にもかかわらず、『実録』の大きなわくぐみは、安芸忠臣・甲斐逆臣説によっているといえる。「仙台旧臣」大槻文彦の『伊達騒動実録』は、歌舞伎『先代萩』の虚構を崩壊させた。しかし、『先代萩』の忠臣・逆臣観を克服することはなかった。そして、のちにのべる田辺実明の評によれば、むしろこの『実録』によって、兵部・甲斐の罪科は決定しようとするに至ったのである。

山路愛山の伊達騒動記

ところで、『実録』の出版から八年前の明治三十四年（一九〇一）、山路愛山《やまじあいざん》の『伊達騒動記』が出版された。

愛山は『豊太閤』『足利尊氏』などのすぐれた史論をあらわし、明治から大正にかけて文芸評論家・史論家として活躍した人物で、そのとき三十八歳であった。愛山は、文庫判二五〇ページほどのこの著書で、つぎのようにのべる。

――御家騒動は、悪人が時をえて善人が悲境におちいるのに始まり、善人栄えて悪人が亡びるのに終わるが一般だ。しかし、これは講釈師流の紋切型《もんきりがた》にすぎない。およそ世の中には、純然たる善人もなければ、徹頭徹尾の悪人もいない。歴史学の批判によれば、御家騒動とは、要するに党派の争いで、権力争奪の歴史にすぎない。――

このような騒動観にたった山路愛山は、綱宗の高尾殺しの虚談であること、また幕府には伊達をとりつぶす意図のなかったこと、酒井雅楽頭の政治には偏頗《へんぱ》のなかったことなどを力説している。

『騒動記』の具体的な記述は、『実録』とほとんど変りがなく、したがって、忠臣・悪臣論的なたちばが、内容の面ではまだ克服されきってはいない。しかし、伊達家に対する幕府の意図、酒井雅楽頭の政治の評価などは、のちに公刊された大槻の説をすでにこえているということができる。

膨大な史料を収録した『実録』にくらべて『騒動記』は史料的に不滅の書物だとはいいがたい。が、『実録』にさきだって事件の輪郭を明らかにした点で、この著書は高く評価されてよいと思う。

田辺実明、先代萩の真相

大正十年、『先代萩の真相』という書物が出版された。四六判五〇〇ページにおよぶこの本の主張は、原田甲斐こそ忠臣であり、伊達安芸は私のうらみをはらすために無実の兵部らを訴えた、いわば不忠の臣だ、というものである。その著者田辺実明は、そもそも大槻の『伊達騒動実録』を読んだ結果、その史料解釈に異論をもち、『真相』をあらわすことになった。この点、『真相』はなによりも『実録』を前提とし、史料はほとんど全面的に『実録』に依存している。しかも、その主張は、『実録』のそれとまっこうから対立するのである。

昭和六年、仙台出身の劇作家真山青果《まやませいか》も「原田甲斐の最期」という三幕ものの戯曲を『講談倶楽部《こうだんくらぶ》』に発表し、そのなかで、〝甲斐忠臣・兵部逆臣・安芸一徹者〟という解釈をとった。兵部についての解釈を異にするとはいえ、真山の戯曲は、『真相』とともに、『実録』批判の業績と評価できる。が、その量と、実証的著述という質の両面からみて、また、なによりも初めにおおやけにされた点において、『実録』にあい対する代表的文献としては、『先代萩の真相』をかかげるのが適当であろう。『真相』の著者田辺実明は、岩手県磐井郡の生まれで、この年七十四歳。大槻文彦と同郷であり、また年輩もおなじである。仙台出身の儒学岡鹿門《おかろくもん》（千仭）の弟子で、当時は長い官僚生活をおわって、自適の身であった。

田辺の『真相』執筆の動機をつくったのは増田繁幸《ますだしげゆき》だという。増田は幕末戊辰のころ仙台藩若年寄、明治初年に仙台藩大参事、ついで七年に磐井県権令となり、のち宮城県会議長、明治二十三年衆議院議員、さらに貴族院議員になった人物である（明治二十九年、七十一歳で死去）。

明治九年のころ、田辺は増田から「伊達騒動」に関するつぎのような話をきかされた。

――増田が仙台藩大参事だった明治四年のころ、伊達家の代々厳重に保管してきた黒ぬり箱に収める文書を点検したことがあった。ところが、その内容は、寛文事件（伊達騒動）にかかわる秘密文書で、従来の通説がまったく誤りであることを示していた。伊達安芸は、式部との所領あらそいに失敗した私憤から、幕府に提訴をくわだて、その提訴の実現の手段として、兵部・甲斐らに対する非難・流言を利用した。甲斐は江戸在番の家老として審問に召喚され、安芸の行為に憤激のあまりこれを斬殺するに至ったのだ。――

田辺はその後、黒箱の文書を閲読すべく、伊達家その他に所在を照会したが、ついにこれを見つけだすことができずにおわった。田辺は、いっぽうで諸家の史料を探索し、また『実録』に収録された史料を検討した結果、「兵部は勿論、甲斐は、伊達家に対しては寧《むし》ろ忠義の人なり」という増田のことばと一致する結論に到達した。『真相』の序の末尾のところで田辺はのべている。「二百五十年の長日月、冤枉《えんおう》（無実の罪）に沈み玉ひし雄山公《ゆうざんこう》（綱宗）の汚名を雪《すす》ぎ、兵部公及び甲斐等を悼《いた》み、其《その》忠魂を慰めんと欲し、終《つひ》に斯《こ》の一篇を草す」と。

これらによって、『真相』の立場は、明らかであろう。

なお、この『真相』に序文を寄せた幸田露伴は、そこで大槻の『実録』にふれている。参考までにかかげよう。

「近者《ちかごろ》人あり、書を著はして伊達騒動実録と名づけ、亦《また》其事を伝ふ、曰《いわ》く十六年の力に尽して成ると、而《しか》して大旨旧伝に異なる無き也」

『実録』の大すじは、これまでの伝えになんら異なるところがない、と酷評しているのである。

戦後の伊達騒動研究

明治の『伊達騒動実録』と大正の『先代萩の真相』は、それぞれに時代の子である。日清・日露のふたつの戦争で帝国日本が体制をかため、韓国併合を翌年にひかえた明治四十二年のころ、江戸時代以来の封建道徳もまた、「開明の気運」による新たなよそおいをこらしながら、教育勅語にもとづく国家主義的な再編成によって、かえって強化されおわっていたとみられる。このような趨勢《すうせい》のもとで刊行された『実録』が、その実証主義的な構成にもかかわらず、江戸時代以来の「旧伝に異なる無き」ものだったことは、やむをえないことであったともいえる。

「旧伝」に対する果敢な批判を試みた、いわば自由な『真相』の立場は、これを生んだ大正デモクラシーの立場にほかならない。しかし、その『真相』もなお、「兵部公等の冤枉《えんおう》を慰めんと欲し」て刊行されたものであり、そのかぎりでは、忠臣逆臣、あるいは伊達家の大事、という次元をこえることができなかった。ここに、「仙台旧臣」大槻文彦・田辺実明の共通の限界があった。と同時に、それはまた、戦前までの日本国民のおおかたに共通する考えかたでもあったように思われる。

これまでみてきたところからしられるように、虚構を排除して事実を究明しようとする歴史研究のばあいにもまた、それぞれに説の相違と対立が存在する。その相違や対立のもとになるのが、一点一点の史料の解釈や評価であり、またそれとあわせて、研究する人の立場や歴史観であることも、すでに明らかであろう。

「伊達騒動」は、戦前・戦後を通じて、歴史学研究者のとくに注目するテーマとはなっていない。『実録』の著者大槻文彦の本領は、国語学であり、『真相』の著者田辺実明は、歴史学のいわば素人《しろうと》であった。しかし、戦後は歴史学者たちのいくつかの論文が発表されるようになっている。林亮勝氏・児玉幸多氏・小林清治・滝沢武雄氏・佐々木慶市氏・佐々木潤之介氏などの研究がそれであり、最近は平重道氏の著書が刊行された。詳細は本書の巻末の文献目録をご覧いただきたい。

学説である以上、もちろん説の相違対立はある。が、忠臣逆臣説からまったく解放され、仙台藩政あるいは幕藩体制の歴史という視野から「伊達騒動」を把握するという態度では、これら戦後の研究は共通している。戦後における封建道徳の解体と学問研究の自由のなかで、「伊達騒動」の科学的研究も、また可能になったのである。

これからの各章のなかで、わたくしはそのつど、それらの学説を検討し学びながら、事件の事実経過を確認し、「伊達騒動」の真相ないし歴史像を追究することにつとめてみたいと思う。

黒箱のこと

なお、ここで田辺実明が増田繁幸からきかされた「黒箱」についてふれておこう。

大槻文彦は『実録』のなかで、つぎのようにのべている。

——十八、九年前（小林注—明治二十三、四年ころか）、旧仙台藩士矢吹薫《やぶきただす》という人物が、仙台国分町の書店伊勢斎助のもとに、白木のすすけた箱を持ちこんだ。なかには寛文十一年酒井邸での刃傷以後の関係文書いっさいが収められていた。維新のさいに仙台藩から払いさげられたものというふれこみである。伊勢はこれを買いとり、明治二十六年伊達伯爵家に献じた。——

この箱が、はたして「黒箱」であるか否かは明らかでない。作家大池唯雄氏は、増田の遺族が矢吹を介して伊勢に売りこんだものと推測して、これを「黒箱」と断定した。増田は明治二十三年に衆議院議員となり、二十九年まで生存しているから、明治二十六年以前に増田の〝遺族〟がこれを売却することはおこりえない。はたしてこれが、増田家から売りこまれたものか否かには疑問がのこる。

が、「質素と曰《い》はんよりは、寧《むし》ろ疎末《そまつ》の品」といい伝えられている「黒箱」と、黒くすすけた白木の箱は、その外観からおなじものとみてよいだろうし、その内容も増田の言と一致する。

伊達家に献上されたこの箱は、戦後伊達家から仙台市に移管され、いまは仙台市立博物館にある。その内容はたしかに、寛文十一年三月末の刃傷事件以後の公文書である。ただし、その表現するところは、必ずしも他の関係文書と異なる性質のものではない。事件の解釈を、この文書のみによって、まったくくつがえす、というものではない。元来、厳秘にわたる文書は、すでに当時において焼却されてしまったことだろう。

なお、「黒箱」については、おわりのほうで、またふれよう。

発端──綱宗逼塞──

綱宗逼塞

万治三年（一六六〇）七月十八日の七つ（午後四時）すぎ、江戸小石川の普請場《ふしんば》から芝の浜屋敷（現新橋駅構内）に帰った仙台藩主伊達陸奥守綱宗は、上使太田摂津守資次《せっつのかみすけつぐ》および立花飛驒守《ひだのかみ》忠茂・伊達兵部少輔《ひょうぶしょうゆう》宗勝から、逼塞《ひっそく》の幕命をつたえられた。

「陸奥守はかねて病身であり、そのうえ不行跡で、家臣らの諫《いさめ》をも聞きいれないよし紛《まぎ》れがないので、逼塞を命じる。跡式《あとしき》（跡目）のことは、おって申しつけるであろう。ただし、小石川堀普請のことは、すでに着手して進行中のことでもあるから、家臣を出して従来どおり続けるように」

綱宗に対する幕命の伝達にさきだって、この日、立花飛驒守・伊達兵部少輔および伊達家臣大条《おおえだ》兵庫《ひょうご》宗頼・片倉小十郎景長・茂庭周防《もにわすおう》定元（初め延元）・原田甲斐宗輔《むねすけ》が、老中酒井雅楽頭《うたのかみ》忠清の邸に召集され、老中阿部豊後守《ぶんごのかみ》忠秋・稲葉美濃守正則の列座のもとで、綱宗に対する上意を申しわたされた。上意をうけたまわった飛驒守と兵部少輔は、上使一名の派遣を願い、その結果太田摂津守が上使にたち、飛驒守と兵部がこれに同道することになったのである。

伊達綱宗の花押

太田摂津守の父資宗は、徳川家康の側室英勝院の甥《おい》からその養子となっており、また綱宗の養母徳川振姫《ふりひめ》も英勝院の養女である。したがって摂津守と綱宗は、英勝院を介して縁つづきになっている。また、立花飛騨守の夫人は綱宗の姉である。兵部が政宗の十男で、綱宗の叔父にあたることは、いうまでもない。摂津守は当時無役であった。無役のかれが上使にえらばれたのは、綱宗との縁戚関係によるものである。飛騨守と兵部が摂津守に同道したのも、もちろん近縁によるものである。この事実は、滝沢武雄氏が指摘したように、綱宗逼塞についての幕府の処置に、内輪的な色彩のあったことを示すものであろう。

逼塞というのは、竹柵《さく》をかまえる閉門とは違って単に門をとざして昼間の出入を禁止する刑である。武士の閏刑《じゆんけい》（正刑以外に科した刑罰）のうちでは最も軽い。それにしても、六月一日以来、普請場に出むくのを日課としていた綱宗に対して、将軍徳川家綱は六月二十六日、上使をもって鮎《あゆ》ずしを賜わり、つい三日まえの七月十五日には、暑気ふせぎの薬香薷散《こうじゆさん》が下されたやさきのことである。児玉幸多氏がのべたように、この上意はいかにも唐突のことにみえた。

綱宗は上意の旨をかしこまって承った。芝の浜屋敷をひきあげた摂津守らは、そのおもむきを老中に報告した。こうして、陸奥守逼塞の申しわたしのことは終了した。

七月二十六日（また八月二十六日との説もある）、綱宗は品川の南大井村の屋敷（現東大井四丁目）に移り、逼塞の生活にはいった。二十一歳の青年であったかれは、こののち正徳元年（一七一一）六月七日、七十二歳で死去するまでの五一年間を、この品川の屋敷に隠棲《いんせい》する身となったのである。すじみちからややそれるが、当時の伊達家の江戸屋敷は、桜田の上屋敷《かみやしき》（日比谷公園の東北角）・愛宕下の中屋敷《なかやしき》（愛宕下町）・浜の下《しも》屋敷（新橋駅構内）および品川大井の屋敷であった。

大井の屋敷は、この万治元年五月、これまでの麻布白金台の本屋敷《ほんやしき》（明暦三年桜田の本屋敷の替地として拝領）を召しあげられた代りに拝領したものである。寛文元年（一六六一）桜田の上屋敷を召しあげられて麻布白金台に替地を拝領し、そののちは、愛宕下の中屋敷を上屋敷とし、さらに延宝四年（一六七六）以後は、浜屋敷を上屋敷とし、愛宕下を本屋敷としたという。

さて、幕府の記録『徳川実紀《とくがわじつき》』は、綱宗の逼塞について、伊達家臣からの綱宗隠居の願いと、これに対する上意の伝達と執行の過程、さらに上意の主旨を、さきに紹介した程度に記している。これに反して、伊達家の正史『治家記録《じかきろく》』には、つぎのようにあるだけである。

万治三年七月十八日辛未《かのとひつじ》、公（綱宗）故《ゆゑ》アリテ御逼塞。太田摂津守資次殿、柳川侍従忠茂朝臣、伊達兵部大輔（ママ）殿宗勝、御出《おんいで》、仰渡サル。

綱宗の「乱行」

綱宗の進退のことは、じつは伊達家臣たちから出願されたものであった。万治三年七月九日付で、伊達弾正《だんじょう》以下一四名の重臣たちが、立花飛驒守および伊達兵部あてに、綱宗の隠居を願う連署状を提出している。そのさいの綱宗隠退の理由は、もっぱら「病気」となっていた。幕府に上達された理由も、もちろん「病気」であった。ところが、幕府からの逼塞の上意の理由は、「病気」よりも、むしろ「酒色にふけり、家士等の諫《いさめ》をも聞入ざる」ことだけをあげている。『徳川実紀』などでは、「病気」のことは上意からまったく脱落している。

七十二歳の天寿をまっとうし、性格また剛毅であったとみられる綱宗が、隠居しなければならぬほどの病身であったとは、到底考えられない。幕府の上意が、「病気」をほとんど問題にしなかったのは、事実にそったものだったと思われる。そこで当然、「酒色」のことが重大となる。『茂庭家記録』はのべている。

――万治三年六月、奉行茂庭周防は同役大条兵庫および普請総奉行片倉小十郎とともに奉行役職辞退のことを綱宗に申しあげた。それは、去年以来、綱宗の不行跡を諫《いさ》め、また、夜行《やこう》の途中をまちうけて諫言《かんげん》をしたが、あらたまることがなかったためである。

おなじ『茂庭家記録』に収められている六月十二日付の立花飛驒守の書状は、兵庫・小十郎・周防の三人にあてて、「御普請場江御出之御行跡《ぎようせき》、諸人取沙汰《とりざた》大形《おおかた》ならず候」とのべ、綱宗が酒井雅楽頭の意見に反省を示さないのは、将軍にそむくのも同然であり、伊達家の滅亡もこの時かと残念である、と記している。

六月二十七日付の伊達弾正あての伊達兵部書状にも、陸奥守の行跡がいよいよ悪く、飛驒・兵部および伊達一門の意見をいっさい聞きいれず、酒井雅楽頭の直々《じきじき》の「強異見《こわいけん》」さえも用いないので、老中がたびたび寄合《よりあい》をして陸奥守のことについて相談しているよしであることなどが述べられている。綱宗の不行跡のことは確実といわざるをえない。

では、その実態はどのようなものか。それは必ずしも明らかではない。『諸家深秘録』は、綱宗が柳屋という風呂屋の湯女《ゆな》勝山を身うけし、そのうえ三谷《さんや》にかよったことを記している。「三谷」とは台東区浅草北部にあった遊廓吉原《よしわら》をさす。元和《げんな》（一六一五〜二四）のころ葺屋町《ふきや》（日本橋）にひらかれた吉原遊廓は、明暦三年（一六五七）の江戸大火ののち日本堤下の三谷に移され、当時は新吉原とよばれていた。また、綱宗が新吉原三浦屋の遊女高尾を身うけし、なびかないのを怒って江戸大川（隅田川下流）の三股《みつまた》でつるし斬りにした、という伝えは有名である。

大槻文彦は『実録』のなかで、つぎのようにのべて、その無実を主張している。

――明暦の大火ののち、幕府は湯女を禁止したから、万治のころには江戸中に湯女はいないわけで、「柳湯の勝山」のことは当たらない。また高尾については、二世高尾は前年の万治二年に死んでいるし、三世高尾はこれから数年後に出るものであって、万治三年のころには新吉原に高尾という遊女はいない。綱宗がなじんだ遊女としては、『洞房語園』にいう新吉原山本屋の薫《かおる》が考えられるくらいのもので、それも頻繁にかよったとは思われない。――

仙台の勝又胞吉《かつまたえなきち》氏の調査によれば、『実録』にみえる万治二、年十二月五日の忌日をきざむ「高尾の墓」は、なお台東区浅草山谷の春慶院に現存し、また万治三年十二月二十五日の忌日をきざんだ「高尾の墓」は関東大震災後、台東区浅草聖天町から移されて、豊島区巣鴨の西方寺に現存する。ただし、大槻は山東京山《さんとうきょうざん》の『万治年間高尾考』によって、万治二年十二月五日死去を正しいものとし、西方寺のそれを誤りと断定している。かりに西方寺の墓を正しいものとすれば、高尾の死去はすでに綱宗の隠居後のことになる。したがって、少なくとも高尾つるし斬りのことは成立しえないことになろう。

綱宗の「大酒」

このとしから二年前の万治元年七月、綱宗の父忠宗の死のあとを追って、古内主膳重広《しげひろ》が殉死した。政宗・忠宗の二代につかえ、奉行の要職までつとめた主膳は、七〇年の生涯の最期にのぞんで、綱宗の大酒を気づかいながら死んだという。

綱宗は酒をこのんだ。心配した父忠宗は、酒を厳禁させたが、忠宗の四十九日がすむかすまぬころに、綱宗の禁酒は破られた。明暦大火で焼失した芝の浜屋敷の本建築が落成したのは、綱宗が家督相続した万治元年九月三日から、まもないころであった。その夜、伊達兵部も列座した祝宴のなかで、奉行奥山大学が綱宗に酒をすすめ、綱宗は酒乱したという。

主膳のおそれは的中したことになる。

逼塞《ひっそく》直後の万治三年七月二十三日の奥山大学の書状には、綱宗が屋敷の口々をしめ、酒も留めたことが記されている。逼塞前のかれが酒を愛したことは確かであろう。また、綱宗の吉原がよいのことは、かれを弁護しようとした大槻文彦さえも、これを認めざるをえなかった。

幕府が、伊達家臣からだされた「病気」理由をほとんど問題とせずに、「酒色」にふけったかどによって綱宗に逼塞を命じたことは、たしかな根拠をもっていたといってよかろう。問題は、綱宗の逼塞が、このようなかれの不行跡だけに原因したのか、あるいはこのほかに原因はないのか、また、むしろもっと根本的な原因はなかったのか、という点にある。水戸徳川光圀の例もあるように、当時大名の遊里がよいは、珍しいことではなかった、と大槻文彦ものべている。佐々木慶市氏や平重道氏は綱宗の逼塞を、「身から出た錆《さび》」であると断定した。たしかに、公務の普請場から遊里に出かけるということは、単なる遊里がよいとは違った不謹慎な行動といわねばならない。

これに対して児玉幸多氏は、綱宗が後西《ごさい》天皇との関係によって幕府の忌諱にふれた、と説く。また滝沢武雄氏は、児玉説にくわえて、綱宗の政治が伊達家臣から忌諱されたことを論証している。事実はどうなのであろうか。

後西天皇と綱宗

綱宗の生母は京都の公家櫛笥《くしげ》隆致《たかむね》の息女貝姫《かいひめ》であった。貝姫は、京都の町人の娘というふれこみで、忠宗の側室になっていたが、寛永十九年（一六四二）に死んだのちに、はじめてその素性が明らかになったという。彼女の姉は、後西天皇の生母逢春門院である。したがって、天皇と綱宗は、いとこ同志にあたる。

仙台市立博物館にある『伊達家文書』のなかには、四〇通に近い逢春門院の手紙や、後西天皇方からの数通の手紙が現存している。

それによると、綱宗は皇室に短冊《たんざく》・懐紙・古筆屏風《こひつびょうぶ》の下賜を願い、手鑑《てかがみ》（古人の能書家の筆跡などを貼りこんだ帖）を下賜され、また仙台産の鶴・鮭・紅花などを天皇や逢春門院にたびたび献上している。天皇の即位と綱宗の家督相続のさいに、綱宗からの贈献と天皇からの下賜物がかわされたことは、いうまでもない。

後西天皇と伊達綱宗の関係系図

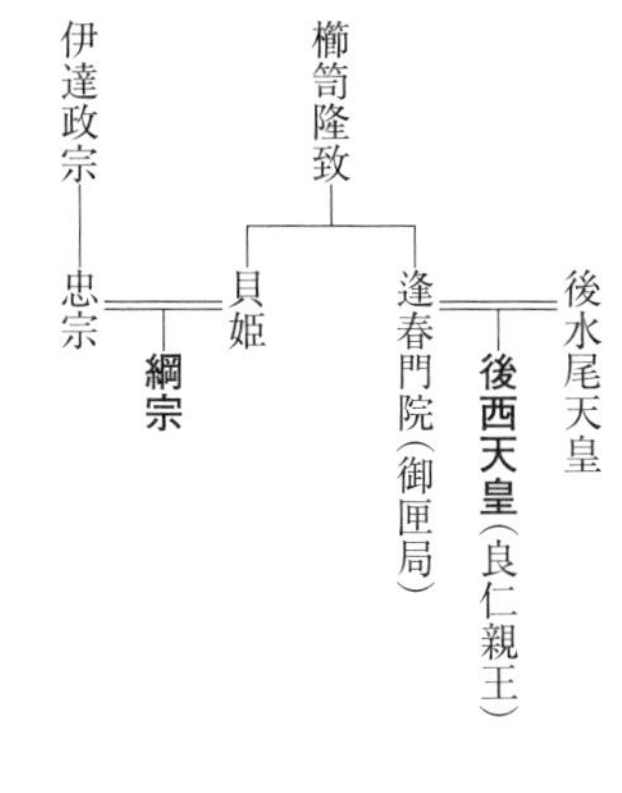

後西天皇は承応三年（一六五四）即位し、寛文三年（一六六三）二十七歳で霊元《れいげん》天皇に譲位している。このとき霊元天皇は、わずか十歳であった。滝沢氏が触れたように、この譲位は、幕府の圧力によって急にきめられたものである。元来、後西天皇の即位は、「天皇の御作法よろしからずば、何どきによらず一歳宮（霊元天皇）へ御譲りあるべし」という条件で幕府から承認されたもので、後西天皇の地位は極めて不安定であったとみられる。また、その即位のさいには、かつて天皇が武家たちを接見したことが問題になっている。

これらの事実によれば、逢春門院を介する後西天皇と綱宗の深い関係が、幕府の忌諱するところとなったことは、十分に考えられるであろう。

綱宗相続のいきさつ

ここで、綱宗が家督を相続したいきさつをふりかえってみよう。

『茂庭家記録』によれば、忠宗は臨終におよんでも家督をきめようとしなかったが、茂庭周防にうながされて、ようやく綱宗の相続のことを遺言したという。

これに対して滝沢氏は、筆者が旧稿でふれた忠宗・綱宗の不和のことを否定して、綱宗の家督決定遅延の理由を、綱宗が万治元年当時、未成年あつかいだったことに求めている。

忠宗と綱宗の間は、たしかに概して親密であった。が、明暦三年（一六五七）当時、父子の関係が不和であったことは、万治元年七月の伊達兵部書状にもみえるように、疑いのないところである。したがって、『茂庭家記録』の記事は、必ずしも否定できぬのではなかろうか。

にもかかわらず、綱宗が未成年だったために、忠宗はこれに家督を譲る時機を失してしまったという滝沢氏の説は、やはりすぐれて正しい見解だと思われる。氏がのべるように、当時幕府のきまりでは、武家の成年は十八歳以上であった。ところが、寛永十七年（一六四〇）に生まれた綱宗の正式の出生届が幕府に出されたのは寛永二十年で、万治元年（一六五八）には十六歳のあつかいであり、したがって「未成年」だったのである。綱宗襲封の翌年の万治二年に幕府の国目付が仙台に派遣されたのは、このためであったとみられる。

では、なぜ幕府に対する綱宗の出生届がおくれたのか。それは、綱宗の生母貝姫が公家の娘だったためであろう。『治家記録引証記』はのべている。忠宗が側室を上方《かみがた》に求めたおり、幕府へのはばかりから、「公家ノ女《むすめ》、大坂浪人の女ハ除クベシ」と命じたので、櫛笥隆致の娘貝姫は町人の娘といつわって、伊達家に周旋された、と。もちろん、それはおもてむきで、貝姫の素性は早くから知れていたことではあろう。

寛永十九年、貝姫が死ぬと、忠宗はその遺子巳之助《みのすけ》（綱宗）を正室振姫《ふりひめ》の養子とし、まもなくこれを幕府に届けでた。振姫は姫路城主池田輝政の娘で、将軍徳川秀忠の養女となって忠宗に嫁した人である。貝姫の死後、巳之助を振姫の養子とするために、仙台から江戸にのぼせるさいに、忠宗はつぎのように記している。

越前、一つ腹の兄弟これなく候間、このたび巳之助を上せ候はづに相《あい》すみ候。母これなき子にて候間、一入《ひとしお》身之大慶この事に候。……いかにもかるがると、誰の子とも知れざる様に申すべく候。

巳之助にそそぐ父の慈愛と、また幕府に対して公家の娘の所生をはばかる気持とを、明瞭によみとることができる。

ここにみえる「越前」は振姫の二番目の男子光宗《みつむね》である。長男虎千代は寛永七年（一六三〇）に七歳で死に、寛永十九年のころ、光宗はただひとりの嫡出子となっていたのである。その光宗も、正保二年（一六四五）に十九歳で死去する。その結果、巳之助は世継ぎとなった。

承応三年（一六五四）十七歳（公式には十四歳）で元服して綱宗と名のり、侍従・美作守《みまさかのかみ》となり、万治元年（一六五八）七月に忠宗が死去すると、九月襲封《しゅうほう》して伊達六十二万石の主となり、この年閏《うるう》十二月、左近衛権少将・陸奥守となったのである。

このようないきさつをみれば、綱宗の家督相続決定がおくれた原因は、ひとつには晩年の忠宗との不和、さらには綱宗の未成年にあったと考えられる。そして、実は成年に達しながら、おもてむき未成年だったそもそもの由来は、公家の娘貝姫を生母とする巳之助（綱宗）についての、幕府に対する忠宗のはばかりにあったとみるべきであろう。

「誰の子とも知れざる様に」という忠宗の配慮にもかかわらず、綱宗の素性が幕府の察知するところとなったことはいうまでもない。とりわけ、幕府との間に問題のあった後西天皇との深い関係は、幕府が綱宗を忌諱する最大の理由となったにちがいなかろう。

家臣の綱宗排斥

さきにもふれたように、綱宗の隠居のことは、もともと伊達家臣が、立花飛驒守・伊達兵部を介して幕府に出願したものであった。万治三年（一六六〇）七月九日の伊達家臣連署状がそれである。連署状に名をつらねたのは、つぎの一四名である。

伊達弾正宗敏　伊達式部宗倫《むねとも》　田村右京宗良《むねよし》　伊達安芸宗重《むねしげ》　伊達和泉宗直《いずみむねなお》
伊達安房宗実《あわむねざね》　石川大和宗広　奥山大学常辰　遠藤文七郎俊信　富塚内蔵丞重信

原田甲斐宗輔　茂庭周防定元　片倉小十郎景長　大条《おおえだ》兵庫宗頼

弾正から石川大和までは、伊達家中《かちゅう》の最高の家格の一門の衆である。奥山・茂庭・片倉・大条の四人は、仙台藩最高の要職、奉行（家老）である。遠藤・富塚・原田は宿老である。宿老は代々奉行となる家柄で、現職であるなしにかかわらず、公式の文書には奉行とともに連署するならわしであった。伊達一門としては、このほかに伊達左兵衛宗規《むねのり》と伊達肥前宗房《むねふさ》がいるが、かれらが連署していないのは、ともに綱宗の弟であり、また宗規十七歳、宗房十五歳という、弱年のためであろう。奉行の古内主膳重安は、先君忠宗の法事のために六月十七日、高野山に派遣され、不在のために加判しなかったが、八月十三日には証文をかいてこれに賛成した。

伊達の一門・奉行・宿老が連署したこの文書は、いうまでもなく伊達家として最も重みのある公式文書ということになる。それは、連署した一四人にとどまらず、伊達家中の総意を代表した文書である。

――綱宗の不行跡が昂《こう》ずれば、伊達家は滅亡に瀕する。それは、全家臣団の生活を破壊することになる。これを回避するみちは、病気を理由に綱宗の隠居を願い出ることだ。――

このような思いによって、一門・奉行・宿老一四名の連署状が作成されたことを、否定するわけにはいかない。

問題は、かれらが、綱宗の不行跡のために、やむをえずその隠居を願い出る結果になったのか。あるいは、それにくわえて、より積極的に綱宗を退隠させようとしたか、という点にある。

逼塞直後の七月十九日、綱宗は、国もとの奉行でまた最も信任あつい奥山大学に書状をつかわして、早速江戸にのぼり、水戸徳川頼房のさしずをうけて、しかるべく取りはからうように命じた。頼房の生母は家康の側室英勝院（阿万の方）である。綱宗の養母振姫は、秀忠の養女となる以前には、英勝院の養女であった。このような縁故から、綱宗は頼房をたのみにしたのである。

綱宗が希望したのは、逼塞の解除だったにちがいない。しかし大学は、国もとの取りしずめのことを理由に、動こうとしなかった。

綱宗には、幕府の意向に対する状況判断の甘さがあったにちがいない。かりにそうだったにせよ、綱宗の最も信頼した、むしろそのブレーンであった大学が動こうとしなかったのはなぜか。

綱宗から悪者と思われながら、このような態度をとったのは、大学個人のかわり身の問題というよりも、むしろ、伊達家中総体の意志が、綱宗の退隠を希望するかたちに固められていたためであろう。

綱宗の政治姿勢

それでは、綱宗の政治姿勢あるいは家臣に対する態度は、どのようなものであったのか。当然それは、綱宗に対する家臣たちの反応を決定するはずである。

——万治元年（一六五八）十一月、綱宗は国もとの奉行茂庭周防あての書状で、藩政について指示をあたえたことがある。柴田内蔵助（のち外記）を留守居に申しつけたことにともなう措置を指示し、その一部は奥山大学や大条兵庫にもしらせず直接綱宗に報告することを命じ、また藩の政治は忠宗の代と何ら変わることはない、かつ世間の評判もあることだから、不急の用は自分が国もとに下ってから吟味のうえ申しつけることなどをこまごまと伝え、さらに、忠宗の御霊屋《おたまや》（感仙殿《かんせんでん》）の工事についても指示をあたえている。

襲封後二カ月を経過したばかりのときに、十九歳の若さで、これだけ詳細な、また自信にみちた指示ができる能力は、非凡のものといってよい。事実、この年七月十七日付の茂庭周防あての書状のなかで伊達兵部は、綱宗の内政への深い配慮をほめて、「日本一之御大将」と称している。

反面、この指示が多分に独裁的であることは、一見して明らかである。また、滝沢氏も指摘したように、仙台藩は小石川堀普請のための借金の大部分を上方《かみがた》の豪商糸屋与四郎からまかなったが、綱宗はその借金のことを小石川普請小屋で糸屋にみずから直接おおせつけたという。

藩主の独裁的傾向は江戸時代中期以降とは違って、江戸初期の通例であり、藩祖政宗はもちろん、二代忠宗もまたその傾向が強かった。綱宗の政治姿勢は、これと本質的に異ならなかっただけのことといえる。が、綱宗をめぐる伊達家中の状況は、忠宗の治世にくらべて、極めて不安定であった。一〜二年ほどのうちに、綱宗に対する家中の反撥は急速に強まっていったように思われる。

隠居後のかれの書画工芸のすぐれた作品などに示されるように、性剛毅の半面、芸術家はだの敏感さと奔放さをあわせもったとみられる綱宗の性格と行動は、家中の反撥に拍車をかけたかもしれない。

万治三年（一六六〇）四月、奥山大学あての綱宗書状には、小身の大学に早く加増を与えたいが、現在のところ万事遠慮の多いことだから、いずれ自分が国もとに入部するまでもようをみる、という旨がのべられている。大学への加増がさしさわりになるというのは、綱宗と大学に対する伊達家中の反撥の存在を示すものにほかならない。

綱宗逼塞に二〇日ほどさきだつ万治三年六月二十七日、伊達兵部が伊達弾正にあてた密書には、すでにこの年の春（一～三月）のうちから、綱宗の隠居のことが弾正と兵部らの間で話しあわれていたことが記されている。

この年二月一日、幕府は江戸小石川の堀浚《さら》えと土手修復を伊達綱宗に申しつけた。人夫役は高一万石に一〇〇人のつもりで、六十二万石で六二〇〇人である。普請奉行には片倉小十郎景長・茂庭周防定元をはじめ後藤孫兵衛近康・真山刑部元輔らが命じられ、五月十九日に普請初めが行なわれた。綱宗は江戸参勤のため、三月二十一日仙台を発駕《はつが》、二十八日江戸に着いた。

かれが小石川堀の普請場に出勤するようになったのは六月一日以後である。吉原がよいのことは、したがって六月以後である。かりに、どのように早く見つもっても四月以降である。しかし、綱宗隠居のことは、すでに一月から三月までのうちに話題にのぼせられていたのであった。

幕府が綱宗に香薷散《こうじゆさん》を下賜したときには、かれの処置についての幕閣の意見は、おおよそまとまっていたにちがいなかろう。

綱宗をめぐる人びと

伊達政宗の印章

誇り高き歴史

綱宗は伊達家の第一九世にあたる。伊達氏は藤原姓、中納言山蔭《やまかげ》の流れをくむといわれる。始祖朝《とも》宗《むね》は常陸国伊佐庄中村（茨城県下館市）に住し、入道して常陸入道念西《ねんさい》と称したが、源頼朝の奥州征伐に長男為宗以下を従軍させ、石名坂《いしなざか》（福島市）の戦いで信夫《しのぶ》庄司佐藤基治《もとはる》一族を攻滅した功によって、陸奥国伊達郡などを与えられてここに移った。一二世紀の末、鎌倉初期のことである。

「建武中興」には、七代行朝《ゆきとも》が奥州中興政府の式評定衆《しきひょうじょうしゅう》に就任しており、伊達氏は結城氏につぐ奥州の有力武士となっていた。九代目の大膳大夫政宗の世には、本領伊達郡のほかに信夫・長井（米沢市地区）・亘理《わたり》・刈田《かった》・柴田・伊具《いぐ》・名取・宇多《うだ》（相馬市地方）・宮城・黒川・松山などの諸郡庄に勢力をのばしたという。仙台藩祖政宗の名は、この伊達家中興の主にちなんだものである。政宗とその孫持宗は、室町幕府と結んで、鎌倉の関東公方《くぼう》に対抗し、その大軍を伊達・信夫地方に迎撃して鎌倉軍を苦しめた。

十二代成宗《しげむね》は文明十五年（一四八三）、数百頭の馬をつらねて上洛し、一カ月余にわたる滞京中に、将軍足利義教以下に対して、太刀二十数振、馬九十数頭、砂金三八〇両、銭六〇〇貫文を贈進し、都びとの耳目をそばだたせた。奥州の馬と金、とくに伊達・信夫の絹は、伊達氏の経済を豊かにし、その軍事的政治的権力をささえたのである。

十四代稙宗《たねむね》は、前例のない奥州守護に任命され、その権威のもとに、二一人の子どもたちのうち、二男六女までを大崎・葛西《かさい》・相馬・蘆名《あしな》・二階堂・田村・掛田《かけだ》の諸氏に入れて、四隣の諸家の従属を進めた。天文五年（一五三六）かれが領内に布《し》いた『塵芥集《じんかいしゅう》』は、奥州守護法ともいうべきものであり、麾下《きか》の地頭たちの領主裁判権を制限して守護伊達氏のもとに集中する一方、他方では武士階級が一体となって百姓を支配し、かれらから年貢夫役などを安定的に収奪することをめざす法体系であった。十五代伊達晴宗は、父稙宗および弟実元に反撥して天文の乱を起こしたが、七年にわたる交戦ののち天文十七年（一五四八）に講和し、居城を伊達郡から米沢に移した。かれもまた奥州守護と同じ性格の奥州探題《たんだい》に任命されている。

十七代政宗は、永禄十年（一五六七）米沢城に生まれ、天正十二年（一五八四）父輝宗から家督の譲りをうけた。翌十三年、輝宗は二本松城主畠山義継のために不覚にして拉致《らち》される途中、伊達軍の銃撃によって義継もろとも射殺される。父の死は、結果的には政宗にさいわいした。稙宗・晴宗などのころにひきかえて、伊達家中は政宗のもとに一本に結集を強めることになったからである。天正十七年、磐梯山麓《ろく》の磨上原《すりあげがはら》に蘆名《あしな》氏の大軍を大敗させて、会津を手中に収めた政宗は、白川・石川の諸氏を服属させ、須賀川二階堂氏を滅ぼして、浜通りを除く福島県全土、米沢地方、さらに宮城県地方をあわせる大勢力団をきずきあげた。

奥羽に君臨するかれのほこさきは常陸の佐竹氏にむけられようとした。が、そのころ、豊臣秀吉の天下一統の業は、小田原の北条氏を倒して関東を包摂するいきおいとなった。二十四歳の政宗は、ついに小田原に参候して、秀吉に臣従を誓う。天正十八年六月のことである。

このとき会津などの諸郡を没収された政宗は、翌天正十九年秋、伊達・信夫・安達・田村・刈田および長井の諸郡を没収され、かわりに大崎・葛西両氏の旧領一二郡、つまり江刺《えさし》・胆沢《いさわ》・気仙《けせん》・磐井（以上岩手県）・本吉《もとよし》・登米《とめ》・牡鹿・加美《かみ》・玉造・栗原・遠田・志田（以上宮城県）の諸郡をあたえられ、米沢から玉造郡岩出山城に移る。その所領は、このほかこれまで領有してきた桃生《ものう》・黒川・宮城・名取・亘理《わたり》・伊具・柴田（以上宮城県）および宇多郡（福島県）をあわせて、二〇郡である。その後、関ガ原の役の行賞として、徳川家康から刈田郡を給され、このほか近江・常陸両国に与えられた二万石をあわせて、伊達六十二万石が政宗の代に確定した。

慶長六年（一六〇一）政宗は仙台城とその城下を創設し、岩出山から士民をひき移した。藩祖政宗の事業によって、仙台藩の基礎は、ひとまずすえられたのである。

膨大な家臣団

政宗が小田原の陣所で秀吉に謁見したとき、会津攻滅などに関する秀吉の詰問に対する政宗の返答

寛文10年（1670）の伊達家臣団

		地方知行	切米扶持方
平士以上	2,696	1,704	992
組士・卒	4,684	1,333	3,351
計	7,380	3,037	4,343

の論理は、ひとつには父輝宗のあだうちと、ひとつには奥州守護＝探題職による支配の正当性とによって構成されていた。曾祖父稙宗・祖父晴宗が就任した奥州守護＝探題職は、父輝宗の代には、室町幕府の衰滅によって正式に補任のことがなかったとはいえ、伊達はいまもなお守護＝探題家なのであり、自分は奥州を支配する正当性を保持しているのだ。政宗の論理はこのようなものであった。

江戸時代となり、幕府下の一大名となったのちも、伊達家の由緒に対する高い誇りと、青年時代の数年にして南奥州を席巻したはなばなしいみずからの武功についての大きな自負は、政宗の念頭から去ることなく、むしろ強められたことであろう。

かつて天正十七～八年のころ、政宗の領地は、太閤検地の石高に換算すれば、百万石をはるかにこえるものであった。秀吉・家康に従うにおよんで、それは半減に近い六十万石となった。にもかかわらず、政宗は家臣団を整理するどころか、かえって増大させた。仙台藩は、禄高からは、前田氏の加賀藩百万石、島津氏の薩摩藩七十万石につぐ第三位の藩である。しかし、その家臣団の数からいえば、天下一の大藩であった。「伊達騒動」のさなかに当たる寛文十年（一六七〇）の『侍帳』によると、仙台藩の家中《かちゅう》の総数は七三八〇人、このうち一門以下大番《おおばん》士《し》（平士）以上、いわば正式の侍格は二六九六人となっている。その数は幕末のころにもほとんど変りがない。この平士以上の家臣のうちの一七〇四人（地方知行）に給した禄高は六一万七〇〇〇石に及ぶ。

仙台藩の内高は百万石をこえるが、少なくとも表高六十二万石は、家臣団の一部の人数への給知によって消えるかたちになる。この膨大な家臣団の大部分は、政宗のときにすでに召抱えられていたのである。

政宗は、すでにふるくからあった伊達家臣の格づけである一家・一族・外様《とざま》・譜代旗本の制を補充再編して、一門・一家・準一家・一族・宿老・着坐・太刀上・召出《めしだし》・平士の制を定めた。

一門は御客大名ともよばれる。伊達家当主の近い親類衆および石川・留守《るす》・白石などがそれで、のちには亘理《わたり》・岩城《いわき》・田手《たて》および白川・三沢の諸氏が加わり、石川・白川・三沢以外はすべて伊達氏を称した。石川・留守・亘理、岩城・白川など、みな戦国時代には一個の大名領主だった家々である。

一家は、鮎貝・秋保《あきう》・柴田・小梁川《こやながわ》・塩森《しおのもり》・大条・泉田・村田・黒木・石母田《いしもだ》・瀬上《せのうえ》・新田（中村）・石川・中目《なかのめ》・亘理などで、のち慶安四年（一六五一）に片倉がこれに入れられた。これらは伊達氏の古いころの親類および譜代の重臣である。

準一家は、白川（のち一門）・岩城（のち一門）・猪苗代・八幡《やわた》・天童・松前・針生《はりう》（のち蘆名）・本宮《もとみや》・高清水《たかしみず》（高泉）・大塚・葛西・北郷・上遠野《かどおの》などで、その多くは、戦国時代まで独立の大名だった諸氏である。

一族は、大立目《おおだつめ》・田手（のち一門）・国分・増田・上郡山・大町・大塚・大内・半田・西大条・小原・小泉・西大立目・中島・宮内・中島・茂庭・遠藤・佐藤・畑中・片平・下郡山・大窪・下飯坂・沼辺・砂金《いさご》・石田・大町・高城《たかぎ》・大松沢などで、多くは伊達譜代あるいは政宗の初期に伊達家に属した諸氏である。

さらに宿老として原田・富塚・遠藤・志賀・後藤の諸氏がいる。代々奉行（家老）となる家柄である。

以上は、政宗が死んだ寛永十三年（一六三六）当時の一門・一家・準一家・一族・宿老であるが、付記したように、のちに一門に増加がみられたほかは、基本的な変動が加えられることなく幕末に至ったのである。

家臣の在郷居住

一門と準一家などの顔ぶれをみれば明らかなように、政宗は岩手県南部から宮城・福島および山形県南部の戦国大名のほとんどを家臣として召しかかえたのである。実質的には奥羽の大半をしめた広大な地域の諸大名を家臣団に編入することは、奥州守護＝探題家たる伊達氏として当然のことだ。政宗はこのように考えたのであろう。

政宗はこれら一門・一家などの諸氏に巨大な知行をあたえ、それぞれに館《たて》屋敷をかまえ、陪臣を擁して、独自に家法をきめて領地を支配することを許した。寛文十年（一六七〇）ころの仙台領絵図に

は、白石・亘理・角田《かくだ》・岩沼・吉岡・松山・岩出山・登米・佐沼・一ノ関・前沢・水沢・岩谷堂など
あわせて三〇の町場に片倉以下の重臣二九名が館屋敷をかまえている。

このような在郷館屋敷の制度は、のちに四代藩主綱村の世に整備されて、城・要害・所拝領・在所拝領という格式が確定した。城は片倉氏の白石城、要害は石川氏の角田、伊達安芸の涌谷、伊達式部の寺池（登米）など、あわせて二〇、さらに所拝領・在所拝領を総計すると、幕末のころの数は九三におよんだ。一〇〇人にみたないこれらの重臣の知行高の合計は約三四万石にのぼり、さらにそのうちの一〇人の一門衆が約一七万石を占めるのである。

一族・所拝領の茂庭氏の例をみよう。茂庭氏が拝領した町場は志田郡松山町である。町場は、市《いち》を許される代わりに藩の伝馬役をつとめるのがたてまえである。街道にそう松山町の西手の山上に茂庭氏の居屋敷《いやしき》がかまえられ、そのふもとに陪臣（下中《かちゅう》）の屋敷がならぶ。茂庭氏は、松山周辺の村々に一万三五〇〇石の知行（山林をふくむ）をもち、その百姓たちから年貢・雑税を徴収する。ところで、そのなかば近い六三〇〇石は、足軽四一一人をふくむ計七二九人の下中《かちゅう》の知行として与えられている。一〇〇石以上の知行取が一人いるほかは、下中侍の知行高は大部分が三〇石以下である。足軽の知行がさらに零細なことはいうまでもない。したがって陪臣（下中）たちの多くは知行地をみずから手作する。ともかくも、一万三五〇〇石を領し、七〇〇をこえる家臣を擁して、知行地内の百姓を支配し、家臣に対する裁判権と百姓の軽罪に対する裁判権を保持するのが茂庭氏である。

伊達六十万石の仙台領の各地には、この茂庭氏のような重臣たちが、割拠していた。伊達家は小幕府であり、一門・一家などの諸氏は事実上の大名だったといえる。

さらに、所拝領・在所拝領以外の膨大な家臣団もまた、それぞれに在郷屋敷を所持して、知行地の百姓を直接支配した。地方《じかた》知行とよばれる形態である。もちろん、藩の蔵から米と貨幣を給与される扶《ふ》持《ち》方《かた》切《きり》米《まい》の諸士もいるが、それは小身の士であり、家臣団の給与形態の主体は地方知行であった。

膨大な家臣団とその地方知行制、さらに一門・一家大身層の城・要害・所拝領・在所拝領知行。諸藩に比類をみぬ仙台藩の特質がここにある。

親類・一門衆

万治元年（一六五八）九月、父忠宗の四十九日の忌があけて、幕府から家督相続を許されたとき、綱宗のまわりには、つぎのような親類衆がいた。

まず叔父として、伊達治部（のち安房）宗実《むねざね》と伊達兵部宗勝がいる。宗実は政宗の九男で、一門伊達成実《しげざね》（稙宗の孫）の養子となり、亘理二万石を領した。このとし四十六歳である。

兵部宗勝は、政宗の十男、正保元年（一六四四）に兄忠宗から一万石をわけられ、兄の宗実をさしおいて将軍直参の大名にとりたてられ、翌二年従五位下兵部少輔に叙任された。同四年には筑後柳川城主立花飛驒守宗茂（忠茂の父）の養女を妻とした。宗茂の弟直次《なおつぐ》の子種次の娘を、宗茂が養女としたもので、忠茂にとっては実の妹ではない。その妻との間に生まれた長男千勝丸（東市正《いちのかみ》宗興）は十

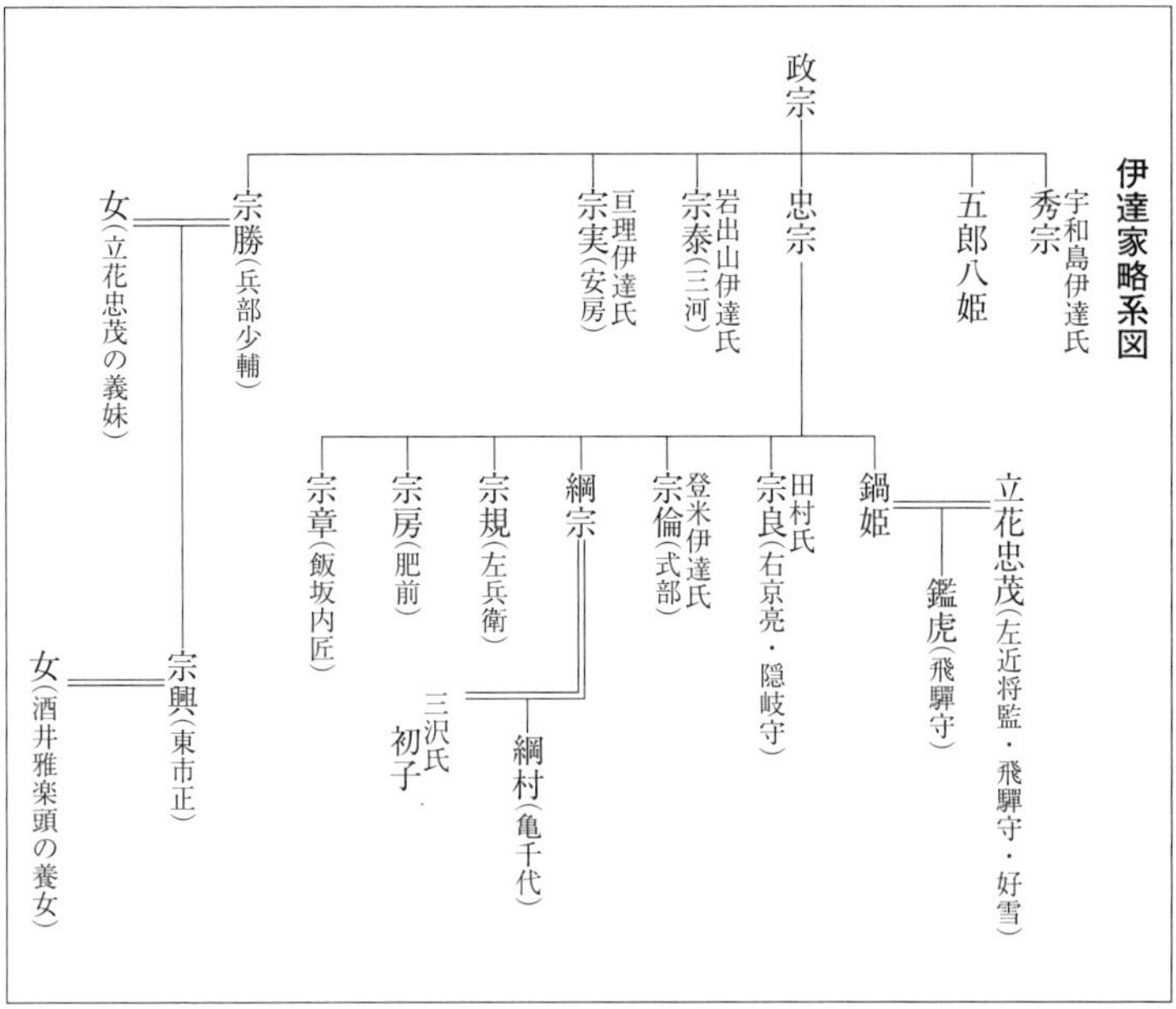

歳になっていた。宗勝自身は三十八歳である。なお、兵部はかつて竹田法印の娘と結婚しており、したがって立花氏との結婚は再婚である。

　ふたりの叔父のうち、宗実は忠宗との間の悶着《もんちゃく》のことから隠退のかたちとなっており、その子土佐（のち安房）宗成が事実上の当主となっていた。そのようなわけで、亘理伊達氏の政治的発言力は弱化していた。当然、大名でもある兵部宗勝が、綱宗にとって大きな存在となる。さらに、立花忠茂は忠宗の娘鍋姫《なべひめ》を妻にしていた関係から、忠宗に後事を託され、綱宗を後見するような立場にあった。叔父の兵部の立場もまた、これに近いものだったとみられる。

　つぎに、田村右京宗良《むねよし》・伊達式部宗倫《むねとも》と

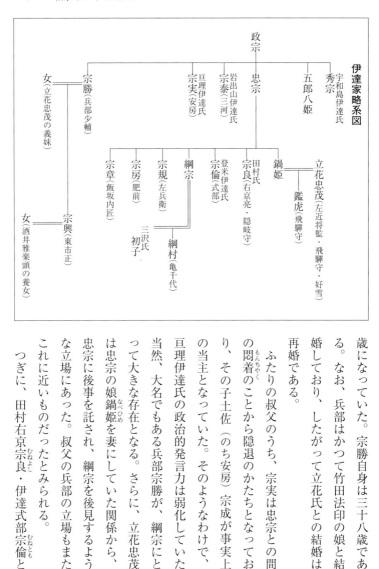

いう、ふたりの兄がいる。宗良は忠宗の三男、はじめ家臣鈴木七右衛門の養子となったが、承応二年（一六五三）政宗夫人陽徳院《ようとくいん》の遺言によって、その実家の田村家を再興した。栗原郡岩ガ崎七三〇〇石（また一万五〇〇〇石ともいう）を領し、このとき二十二歳であった。宗倫は忠宗の五男。兄五郎吉がいったんついで死んだのちの登米伊達（もと白石氏）、一門一万四〇〇〇石をついだ人である。十九歳であった。

さらに弟には、十五歳の伊達左兵衛宗規《むねのり》と十三歳の田手肥前宗房《むねふさ》および飯坂内匠宗章《たくみむねあきら》十一歳がいる。宗規は忠宗の七男で、一門の岩城氏をつぎ、一四〇〇石を知行した。この翌年の万治二年には加増されて三〇〇〇石となり、江刺郡岩谷堂に在所する。宗房は忠宗の八男で、一家の田手氏をつぎ、江刺郡上口内《かみくちない》一七六〇石を領した。翌年、一門に列して伊達と称し、磐井郡大原三〇〇〇石を知行する。宗章は忠宗の九男。一家の飯坂氏をついで、胆沢郡前沢二五〇〇石を知行していた。

このほかに、従兄弟《いとこ》の伊達弾正宗敏がいた。政宗の四男宗泰の子で、玉造郡岩出山一万四〇〇〇石を領し、三十八歳。一門である。

このように、親類・兄弟の多くは一門でもあったが、そのほかに一門に列していたのが石川大和宗弘・伊達和泉宗直・伊達安芸宗重の三人である。

石川氏は、平安時代以来戦国末期まで石川庄（福島県石川郡）を領した名門。宗弘の曾祖父昭光《あきみつ》は輝宗の弟で、政宗の叔父にあたる。伊具郡角田《かくだ》に在所し、一門の上席である。宗弘はこのとき二十九歳。のちに二万一〇〇〇石となる石川氏は、このとき一万七八〇〇石である。

伊達宗直は胆沢郡水沢一万五〇〇〇石の主、三十三歳である。宗直の家は、もと留守《るす》氏と称し、宮城郡地方を領する大名であり、祖父政景は輝宗の弟で、政宗の叔父にあたっている。

伊達宗重の家は、鎌倉初期から亘理《わたり》郡を領有して、亘理氏と称した。宗重の曾祖父元宗《もとむね》は伊達稙宗《たねむね》の子で、亘理家をついだ兄綱宗が戦死したのち、そのあとをついでいる。『伊達世臣家譜』によれば、宗重の父定宗が、慶長十一年（一六〇六）伊達の氏を賜わり、竹に雀と引両《ひきりょう》の紋を許されているから、そのとき一門に列したものとみえる。遠田郡涌谷《わくや》二万石を知行し、四十四歳である。

みわたしたところ、親類・一門衆のうちで、伊達兵部宗勝の勢いが強くなることは、綱宗の尊族としての地位と、伊達家の姻戚の立花忠茂と姻戚関係にあることから、まずしぜんだろう。

つぎに、綱宗の従兄弟の伊達弾正宗敏は三十八歳、その子壱岐《いき》（のち弾正）宗親《むねちか》も元服をおわっていた。また、一門の伊達安芸は四十四歳、その子兵庫（のち安芸）宗元は十七歳となっていた。弾正の娘と安芸の嗣子兵庫との結婚は、このころのことと思われる。年輩・知行高などからみて、弾正と安芸が一門衆のうちの有力者だったことは、容易に想像できよう。

四人の奉行

伊達家、仙台藩の政治をとる最高の役職は奉行または家老とよばれる。一門は奉行に就任せず、一家以下とくに宿老家からえらばれる例であった。万治元年（一六五八）綱宗が襲封《しゅうほう》したころの奉行は、茂庭周防定元（延元）・奥山大学（のち大炊《おおい》）常辰・古内肥後（翌年主膳に改める）重安および大条《おおえだ》兵庫宗頼の四人である。

茂庭氏は、伊達家の祖朝宗《ともむね》以来の譜代の臣で、戦国時代まで伊達郡茂庭村（福島市）を領し、また鬼庭氏とも名のった。定元の曾祖父良直《よしなお》（左月）は、天正十三年（一五八五）伊達政宗が七〇〇〇人をひきいて、佐竹・岩城・石川・白川・蘆名《あしな》の連合軍三万を迎撃した安達郡人取橋《ひとどりばし》（本宮町）の激戦に、七十三歳の老軀をひっさげて奮戦し、壮烈な戦死をとげた。祖父綱元（延元・了庵）・父良元（佐月）はともに奉行をつとめた。綱元は文禄二年（一五九三）朝鮮の役に出陣した政宗の留守《るす》として肥前名護屋に駐在したおり、しばしば秀吉に謁見し、秀吉は妾のひとりである香ノ前《こうのまえ》を綱元に賜わった。香ノ前の生んだ女子はのちに原田宗資の妻となり、男子は亘理重宗の養子となってその娘と結婚し、亘理伯耆《ほうき》宗根《むねもと》と名のって、一家に列した。重宗の実子定宗が一門に列して伊達の氏を許されたこと、また彼が安芸宗重の父であることはさきにふれた。

ところで宗根は、じつは政宗の子であるという。万治二年五月、綱宗の仙台初入部の御礼に、八十一歳の佐月（良元）は、一族でありながら親類衆につぎ、一門衆にさきだって太刀・馬代を献上している。佐月は家臣団の元老格であり、その子定元の奉行職といい、亘理宗根の存在といい、当時茂庭氏が伊達家臣のなかで抜群の勢力をもっていたことは、うたがうべくもない。

定元の知行は一万三五〇〇石、在所は志田郡松山である。年齢は三十八歳であった。

奥山氏はもと目々沢《めめざわ》と名のった伊達譜代の臣である。政宗に近侍して奉行をつとめた兼清の代に、奥山と改め、にわかに勢力をのばした。その弟常良もまた奉行となった。常辰は常良の次男で、承応三年（一六五四）三月以来、奉行をつとめた。黒川郡吉岡三〇〇〇石を知行し、四十四歳であった。家格は着坐である。

古内氏は着坐。戦国時代までは宮城郡の領主国分氏の家臣であった。重安の養父主膳重広は、国分盛重の末子から古内氏をついだものである。盛重は政宗の叔父だから、重広は政宗の従兄弟にあたる。国分氏が滅亡したのち、政宗・忠宗の二代に仕えて功があり、奉行として明暦三年（一六五七）まで在職し、万治元年七月、忠宗に殉死した。かれが、伊達家の将来を心配しながら自決したのは、その血脈と職務から、しぜんのことだったといえる。

重安は重広の外孫からその養子となり、明暦三年家督を相続すると同時に、重広のあとをうけて奉行となったのである。七〇〇〇石を知行して、岩沼に在所した。なお、古内氏は寛文三年（一六六三）栗原郡岩ガ崎に移り、貞享四年（一六八七）また岩沼にもどっている。

大条氏は一家。伊達八代宗遠《むねとお》の次男宗行を祖とする。宗頼はその親類から大条氏をついだ人で、この万治元年十月に奉行となった。亘理郡坂元に在所して、三〇〇〇石を知行した。

すでに、五十七歳となっており、四年後の寛文二年（一六六二）には隠居して、その子監物《けんもつ》宗快《むねよし》が奉行職につく。

このようにみてくれれば、茂庭周防定元と奥山大学常辰の対立が激化するであろうことは、たやすく察しがつく。綱宗は周防と大学の勢力のバランスをはかりながら、四人の奉行をはたらかせて、親類・一門衆に対処しようとしたものとみられる。が、その結果は、新興の氏で劣勢な大学を重用することになったのであろう。譜代の臣の旧族の総領である周防にくらべれば、新興の家の次男坊で、また年かさでもある大学は、政治のかけひきや強引さの点で明らかにまさっていた。そして綱宗の政治路線は、満一年あまりで、早くも親類一門以下の伊達家中の反撥をうけることになったものと思われるのである。

「伊達騒動」の政治的風土

「伊達騒動」は、このような仙台藩の政治的風土のうえで、これまでにみてきた人びとを主要な役者として展開されるのである。政宗の強烈な個性と権力とが生みだした膨大な家臣団、とりわけ一門クラスの大身層は、二代忠宗、とくに三代綱宗にとっての重圧となる。そのうえに、親類衆の圧力がさらにくわわったのである。

全国の諸藩でも、藩政のごく初期には、おなじような状態がみられたのだが、まもなく、一門衆を藩政から排除し、藩主と側近の直臣との連繫による政治形態が確立する。いわゆる「一門払《ばら》い」とよばれるものである。これに反して、仙台藩では、親類・一門衆は奉行（家老）の職につくことができないとはいえ、藩政の重要な事項については、奉行をこえる権限を保持していた。一門大身のこのような実力は、地方知行および要害・所拝領・在所拝領の知行制度の存在と深い関係がある。

全国の多くの諸藩は、すでに慶安（一六四八〜五二）のころには、地方知行制をやめて、実質的には藩の蔵から俸禄米を給するという形にかわっていた。東北の雄藩である会津・米沢などの諸藩でも、綱宗が襲封する万治元年（一六五八）のころには、地方知行をやめている。けれども仙台藩は、藩末まで、これを廃止することができなかった。

膨大な家臣団と、かれらが擁する、さらに膨大な陪臣団を六十二万石で養うためには、家臣団はともかくとしても、少なくとも陪臣たちの手作、農業経営が必要である。である以上は、農耕生活から完全に離脱した俸禄制ないし蔵米取へのきりかえは不可能である。

他藩に比較を絶する膨大な家臣団および陪臣団の存在が、仙台藩の地方知行の主要な前提だとすれば、この家臣団と陪臣団を整理せぬかぎり、新しい俸禄制への転換はできない。その転換を、仙台藩はついにできないままで幕末をむかえるのである。

したがって、一門・大身クラスの強力という状態は、幕末まで克服されないでしまった。その程度のとくにいちじるしかったのが、綱宗からその子亀千代にかけての時期であった。このような条件のもとで、「騒動」が展開するとすれば、それが藩主対一門大身層、あるいは一門大身相互という矛盾対立を基本としてあらわれることは、容易に推測できよう。綱宗の逼塞に至る過程はその前のほうである。そののちの兵部対安芸の対立も、藩主の後見と一門との対立という意味で前者にあたるが、そのきっかけとしては、安芸と式部の対立という後者が介在したのである。「伊達騒動」とならび称される「加賀騒動」のばあいはどうか。この「騒動」は江戸時代なかばすぎのころ、六代藩主前田吉徳《よしのり》の世におきている。

——吉徳の近臣として異例の立身をした大槻伝蔵朝元《ともこと》が、吉徳の側室お貞の方（真如院）と密通し、お貞の方の子を藩主とするために、吉徳と嗣子宗辰《むねとき》を暗殺した。が、ことは露顕して、伝蔵らは処刑された。

世俗に流布しているこの伝えに対して、三田村鳶魚《みたむらえんぎょ》や若林善三郎はつぎのようにのべている。密通や毒殺のことは事実無根であり、大槻の立身は、かれが加賀藩財政のたてなおしに貢献した功による。かれのうった諸改革が、伝統的な門閥勢力から反撥され、その結果かれはほうむりさられることとなり、逆臣・悪玉にしたてあげられたのである。

綱宗および奥山大学の政治路線、また兵部が行なった高圧的な政治に対する一門重臣たちの反撥という、『伊達騒動』の過程とそれは共通している。が、その反面、一門重臣の圧倒的な強さと、かれら相互の対立をきっかけにして展開したという点で、「伊達騒動」は、「加賀騒動」にはない特徴をのこしている。藩のなりたちを異にし、また時期を異にする「加賀騒動」との相違をそこにみることができよう。

亀千代相続と兵部・右京の後見

亀千代　家督相続

万治三年（一六六〇）八月二十五日の朝、伊達兵部・立花飛驒守・太田摂津守および大条兵庫・片倉小十郎・茂庭周防・原田甲斐は、老中酒井雅楽頭の邸に招集され、将軍補佐保科《ほしな》肥後守正之《まさゆき》・老中阿部豊後守・稲葉美濃守、大目付兼松下総守《かねまつしもうさのかみ》の列座のもとに、雅楽頭からつぎのような申しわたしをうけた。

――このたび、一門・家老の輩の言上のおもむきを上聞に達し、陸奥守（綱宗）に隠居をおおせつけ、跡式のことは実子亀千代《かめちよ》に下される。伊達兵部少輔の本知一万石に二万石をたし、田村右京を大名にとりたてて三万石とし、ともに亀千代の領分のうちからその知行を下される。両人で亀千代を後見せよ。

綱宗に逼塞の上意があった七月十八日から三十数日目で、亀千代の家督相続は許され、綱宗隠居とあわせて、さきに出した伊達家中の願いは、ようやく聞きとどけられたのである。このひと月余りの間、伊達家中と領民の不安は大きかった。小石川堀普請の続行のことが逼塞の上意とあわせて命じら

伊達兵部の花押

れていたから、改易のことはまず考えられないとしても、削封（減知）のことはあるかもしれぬ、というおそれが、国もとの仙台にはあったことであろう。七月二十三日付で奥山大学が、仙台から綱宗側近の中村数馬《かずま》にあてた書状には、「御当地（仙台）此中より何角《なにかど》申し唱《とな》え、諸侍・町人等迄《まで》、以《もつて》之《の》外《ほか》機《き》遣《づかい》仕《つかまつり》候《そうろう》」とあり、大学がとりしずめに腐心していることが記されている。これは、さきにふれたように、綱宗からの逼塞解除の奔走《ほんそう》の命令をことわった書状だから、やや誇張があるかもしれないが、家中・領民に不安の日々が続いたことは確かである。

江戸では、綱宗逼塞下命の翌十九日の朝、綱村の近臣、坂本八郎左衛門・渡辺九郎左衛門・畑与五右衛門・宮本又市の四人が斬殺された。綱宗に不行跡をすすめたかどによる成敗《せいばい》である。『茂庭家記録』はこれについて、「君（周防定元）、御計《おんはからい》ヲ以テ、仰付ラルト」とのべている。江戸《えど》詰《づめ》奉行茂庭周防が、自分のはからいで成敗したというのである。たしかに、上意のあった翌朝の処断が、国もととの連絡をまたずになされたことは明白である。が、それは江戸にいた兵部・右京および奉行大条兵庫、普請総奉行片倉小十郎、評定役原田甲斐らの諒承のもとにおこなわれたとみてよかろう。成敗のことは、その日のうちに幕府に届けでられた。

この処刑は、大槻文彦がのべたように、幕府に対する伊達家としての謝罪の行為であったとみられる。藩政の責任者である奉行が正式に命じたものだとはいえ、裁判によるたてまえを破って強行されたこの処刑は、伊達家中の不安をさらにつよめたことであろう。

いま、亀千代の家督相続の決定によって、伊達家中は、上下ともにようやく安堵した。六十二万石の安泰は、家臣たち自身の安泰にほかならなかったのである。

八月二十八日、幕府は諸大名に綱宗隠居と亀千代家督相続のことを伝え、兵部は磐井郡一ノ関に、右京は名取郡岩沼に、それぞれ三万石を賜わった。おなじ日、幕府は仙台領内の統治のようすを監視するために、毎年国目付《くにめつけ》を二人ずつ仙台に派遣することにし、一二番二四人の国目付を幕府旗本の使《つかい》番《ばん》と書院番《しょいんばん》をつとめる者から選任した。

こうして目付は、毎年春と秋に仙台に下って、半年滞在して江戸に帰るのが例になり、それは、亀千代（綱村、初名綱基）が成人して仙台領に初入部する延宝三年（一六七五）の前年まで続いた。

十一月には、亀千代の懐守役《だきもりやく》として、橋本善右衛門高信・大松沢甚右衛門実泰・日野仲右衛門信安・富田二左衛門（壱岐）氏紹《うじあき》が任命された。養育係である。

綱宗逼塞事件、いわば万治事件は、ひとまずここに結末をみたのである。

亀千代と生母三沢初子

伊達二十代の家督となった亀千代は、当年とって二歳であった。前年、綱宗の養母振姫（孝勝寺殿）が死んだ翌月の三月に、江戸の浜屋敷で生まれたのである。

『茂庭家記録』には、「陸奥守（綱宗）下借腹《げしゃくばら》ノ子亀千代」と表現されている。下借腹とは妾腹《めかけばら》、側室の生んだ子という意味である。綱宗はその生涯に、五人をこえる側室からあわせて一六人の子をもうけた。いうまでもなく亀千代はその長男であり、その母三沢初子《みさわはつこ》は、このほかに村和《むらより》・宗贇《むねよし》の二児をあげている。宗贇はのちに、宇和島の伊達十万石をついだ。

初子の先祖は出雲（島根県）三沢の住人で、のちに長門（山口県）に移り、祖父の代に近江に移った。父三沢権佐《ごんのすけ》清長は、大垣城主氏家志摩守広定の養子となったが、関ガ原の役ののち流浪し、慶安四年（一六五一）に江戸で死んだ。

十三歳で父母に死別した初子は、叔母紀伊《きい》に養われることになり、振姫の侍女だった叔母を介して振姫に仕えた。初子の容姿と聡明《そうめい》さをみた忠宗は、綱宗の側室にしようとしたが、紀伊は初子が名家の子孫であることを理由にこれをことわり、正室ならば謹しんでおうけするとこたえた。忠宗は承知し、明暦元年（一六五五）正月、綱宗と初子を結婚させたという。

にもかかわらず、忠宗がこれを正規の結婚として幕府に届けでなかったのは、伊達六十万石の主の正室とするには、やはり初子の素性が歴《れつき》としたものでなかったこと、さらには綱宗が公式には未成年だったことによるものと思われる。

そのような状態のままで家督を相続し、さらに隠居となった綱宗は、ついに正室をもたないままでおわったが、初子は事実上の正室としてあつかわれたのである。

亀千代相続の万治三年（一六六〇）に二十二歳だった初子は、貞享三年（一六八六）四十八歳で死去し、振姫の菩提寺である仙台孝勝寺にほうむられ、浄眼院殿《じょうげんいんでん》了岳日厳大姉とおくりなされた。初子の弟三沢信濃宗直は、万治二年伊達家に召しかかえられ、のち一門に列している。

歌舞伎『先代萩』の政岡、あるいは浅岡は、この三沢初子を脚色したものだとの説があり、仙台孝勝寺の初子の墓は、俗に「政岡の墓」とよばれている。いうまでもなく、芝居で幼君の乳母《うば》とされている政岡とちがって、初子は亀千代の生母である。亀千代は成人してのち初子を「たらちねの母」とよんで尊敬し、元禄八年（一六九五）には、初子の護持仏の釈迦像を安置した釈迦堂を仙台城下の榴《つつじが》岡《おか》に建立している。が、初子は綱宗とともに万治三年（一六六〇）以後品川屋敷に移ったので、寛文元年（一六六一）以後、愛宕下の屋敷に住んだ亀千代の世話をしてはいない。その意味では、政岡のモデルを初子とするわけにはゆかないのである。

亀千代の乳母には家臣白川義実の妻があたったとの説がある。準一家の白川氏は、のち一門にのぼされている。なお、亀千代の守役《もりやく》にあたった侍女としては、鳥羽《とば》・藤井などがいた。

いずれにしても、わが子を毒味のぎせいとして幼君を救ったなどという事件じたいが存在しないのだから、『先代萩』の政岡は架空の人物といわざるをえない。反面、亀千代を守り育てようとした点では、これらの女性は、多かれ少なかれ、政岡のイメージに近いということになろう。

なお、綱宗の側室のひとり椙原品《すぎのはらしな》は、綱宗の死後仙台に移って享保元年（一七一六）に七十八歳で死に、荒町の仏眼寺《ぶつげん》にほうむられた。品を遊女高尾だとする説があるが、大槻文彦は否定している。俗に「仙台高尾の門」とよばれる品の屋敷の門は、近年北二番丁から移されて、霊屋下の瑞鳳寺にある。

亀千代相続のいきさつ

亀千代を綱宗隠居後の家督にすることは、万治三年七月九日の伊達弾正ら一四名の連署の願状に明記されていた。では亀千代を相続人とするという伊達家中の意志決定は、いつどのようにして行なわれたものだろうか。

仙台詰の奉行だった奥山大学は覚書のなかで、つぎのようにいっている。

——綱宗不行跡についての隠居願いの件について、立花好雪（飛驒守）と兵部から里見十左衛門重勝を仙台に下して相談があった。隠居を願い、伊達家六十万石の半分か三分の一なりとも許されることがあれば堪忍すべきか否か、という問いである。一同閉口《へいこう》のままだったが、自分はいった。綱宗様隠居願いのことは、伊達六十万石が無事であるようにと考えるからこそ行なうのだ。綱宗様は幕府に対して不忠のことがあったわけでない。少しでも削封になるばあいは城をまくらに討死するほかはないと考える、と。またそのおり、江戸詰奉行の茂庭周防から、だれを家督に立てるべきかという相談があった。亀千代のほかにない旨をきびしく返事したところ、おりかえし好雪・兵部から急使があり、家督のことは入札によってきめるとの通知であった。自分は答えた。亀千代様以外に家督はない。入札には参加しない。——

また、『茂庭家記録』にはつぎのような記事がみえる。

——綱宗の逼塞にさきだつころ、茂庭周防は幕府御側衆の久世《くぜ》大和守広之（のち老中）のもとにひそかに呼ばれ、家督の候補についてたずねられた。周防が亀千代を願う旨を答えると、広之は、そのように願い申しあげよ、ただしこの内談のことは片倉小十郎には内密にせよ、と指示した。これによって周防は、目付役の里見十左衛門を仙台に派遣し、伊達安芸・伊達弾正の江戸登りを要請した。伝えによると、広之が小十郎には内密にといったのは、酒井雅楽頭が伊達六十万石を三十万石兵部、十五万石を立花台八（飛驒守の子息）、のこりを田村右京にわけ、うち三万石を小十郎に分けて大名にとりたてる、という密計を立てていたためであるという。——

これらを事実とすれば、綱宗隠居後の処置について、兵部・台八・右京らに三分する密計があり、また亀千代相続のことも一門重臣らの入札によってはじめて確定したことになる。

ところが、この年六月二十六日の伊達弾正あての兵部書状には、つぎのように記されている。

——綱宗不行跡による伊達家の危急について、立花飛驒守の邸に寄りあい、大条兵庫・片倉小十郎・茂庭周防を招集して内談したところ、綱宗を隠居させ、亀千代に相続を仰せつけられるようにと重臣が連判のうえ出願すべきだ、ということに意見が一致した。このことは、すでに春（一〜三月）のうちにもあなたからお話しがあったことでもあり、賛成していただけると思う。綱宗の兄弟などを家督にたてることは、幕府としては許さぬ方針だから、ただいまは亀千代をたてるよりほかに、伊達家の身代《しんだい》を守るすべは考えられない。奥山大学から連判のことが参るだろうから、どうか加判を願いたい。この旨、右京・式部へもお伝えいただきたい。——

末尾に「必々《かならず》、火中《かちゅう》々々」と書かれたこの密書は、しかし焼却されずに後世に伝わることになったわけであるが、その内容によれば、兵部および弾正らの間に、綱宗隠居・亀千代相続のことがすでにこの年の初め以来話題にのぼっていたこと、しかも亀千代以外の者を家督に立てるという意向がかれらにはなかったこと、したがって入札のこともありえなかったことが判明する。

そして兵部は、この書状の最後の箇条で、「若《も》し、このたび、無同（同意しない）の者は、伊達之御家へ逆心に候間、あい除くべきよう、飛騨殿と申し合わせ候」とのべている。

『実録』に収めるこの書状は、『実録』刊行の明治後期には、玉造郡岩出山町の上遠野秀宣《かどおのひでのぶ》氏の所蔵となっているが、弾正あてのこの文書は当然岩出山伊達家から上遠野氏の手に移ったものであり、推測される伝存経路から、偽文書とは考えられない。

また、このように、兵部に対する評価を有利にするような文書が、後世に偽造されるはずはない。大槻文彦もまた、この文書を疑ってはいない。

問題はむしろ、『奥山大学覚書』と『茂庭家記録』にある。大学の覚書は、すでに「騒動」が落着したのちの貞享二年（一六八五）に書かれたもので、大学が自分に都合のよいように作為したものとみてよい。事実、この覚書の続きの部分には、綱宗隠居願いに大学が加判しなかったとあるが、それにもかかわらず、七月九日の連署状に大学が加判したことは、すでに確認したとおりである。したがって、この覚書の記事は信ずるにたりない。

『茂庭家記録』の本文はともかく、問題となる部分は、「伝《つたえ》テ云《いう》」という但《ただ》し書きで始まっている。すでに当代家綱将軍の治世にはいって、幕府の大名対策は、武断的な取りつぶし主義から転換していた。幕府が綱宗を忌諱したのは、伊達家を忌諱したことではない。政宗・忠宗と幕府の確立に功のあった大藩仙台藩を、当時の幕府がたやすくとりつぶそうとしたはずはない。ただし、家督相続のことの如何《いかん》によっては削封のこともある、という注意を内々にしたことはあったろう。久世大和守の話はそのようなものであり、「伝テ云」の部分はのちの作為誤伝にちがいなかろう。

大槻博士は、兵部の書状について、「前《さき》ニ、家督人体入札アリテ、今又、亀千代ノ家督ヲ言ヒ張ルハ、入札後ノ変議ナルベシ」と解釈している。が、入札のことは、そもそも行なわれたとは考えられないのである。

亀千代家督の意向は、綱宗隠居の議とともに伊達家中では固められていたのであり、これを推進した第一人者が兵部だったことは確実であろう。

奥山大学の専行

このとし万治三年（一六六〇）十一月、田村右京は綱宗の再勤を歎願し、さらに加増分の返上を願ったが許されず、兵部・右京両後見の形式による藩政が展開する。が、それはじっさいには伊達兵部と立花飛驒守の両後見政治であった。事実、寛文二年（一六六二）のころ、後見の右京じしんが、茂

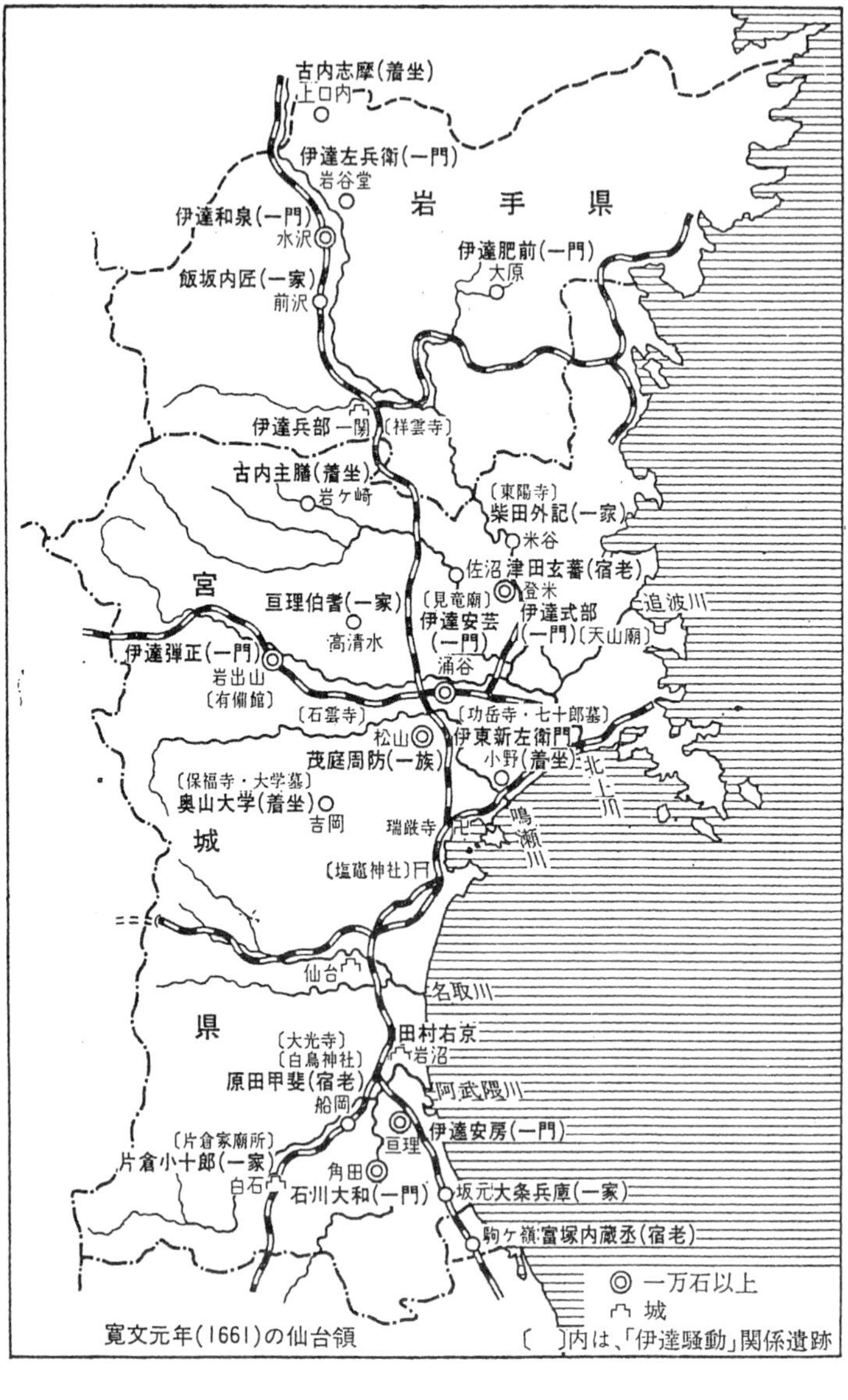

寛文元年(1661)の仙台領

庭佐月（良元）あての書状のなかで、飛驒守・兵部を「御後見両人」とよんでいるのである。

寛文元年（一六六一）三月末、約一〇カ月の月日と四万一〇〇〇両に近い費用をかけて、小石川堀の普請が竣功した。神田から御茶ノ水・水道橋・小石川橋をへて牛込にいたるうちの六六〇間《けん》（一・二キロ）の堀さらえによって、舟運が開かれ、また土手が修築されたのである。

三月二十九日、将軍徳川家綱は、普請場を巡覧し、兵部・右京および普請総奉行片倉小十郎以下を謁見した。四月二日には、片倉小十郎・茂庭周防・後藤孫兵衛・真山刑部以下一九人が江戸城に召されて、それぞれ銀・衣服を拝領した。

それからまもない四月十八日、茂庭周防が奉行を辞職した。理由は病気である。が、その実は奥山大学の排斥によるものである。定元はこれまで江戸詰奉行として、綱宗逼塞前後のことの処理に当たってきた。それは、兵部との密接な連絡のもとに行なわれてきたものとみられる。これに反して大学は、国詰の奉行として、このたびのことには終始うけ身であった。綱宗の信任のとくにあつかった大学が、はじめ綱宗隠居のことに反対だったのは当然であり、一門・奉行・宿老の連判の願いには加判したものの、それは進んでのことではなかったはずである。

江戸と仙台とで、離ればなれに伊達家の枢機をつかさどった周防と大学。父佐月がなお健在で元老的地位をしめ、亘理宗根を介して伊達安芸とつながり、また宿老原田甲斐・同津田玄蕃とも姻戚関係にあった名門茂庭氏の当主周防と、新興の家の次男であくのつよい大学。このふたりの対立は、ここで頂点に達したのである。

前年の万治三年十月、大学は国もとから江戸にのぼって、つぎのように両後見に訴えた。綱宗の不行跡はたしかに本人の不覚悟にもよるが、周防が悪事をすすめたためでもある。幼君亀千代のもとで、このような悪人とともに公用をつとめることはできない、と。――みずからの家老（奉行）の職を賭して、周防の退任をせまった大学の弾劾によって、小石川普請が竣功した直後に、周防は家老を罷免されることになったのである。

このとき、右京は周防を弁護したが、兵部と立花飛驒守の大学支持にやぶれたという。それについては、万治元年（一六五八）の兵部の加増にさいして、七〇〇〇石から一万五〇〇〇石への加増が大学の提案によって決定したこと、周防の案はこれより少なかったことがうらにあるともいわれている。なり上り者で、有力な親戚などをもたぬ大学は、綱宗に重用されながらも、他方で兵部にとりいることを考えていたのであった。

茂庭周防の失脚後、奉行奥山大学の独壇場がしばらく続く。周防が失脚した寛文元年四月現在の奉行は、奥山大学常辰・古内主膳（初め肥後）重安・大条兵庫宗頼・柴田外記《げき》朝意《ともむね》・富塚内蔵丞《くらのじょう》重信の五人であった。仙台藩の初期には奉行は六人で、仙台詰二人、江戸詰二人、在郷休息が二人という形で交替するのがたてまえであった。六人制はまたやぶれたのである。外記と内蔵丞は前年の十二月に奉行に進められたばかりである。この年十二月には古内主膳が病死した。

翌寛文二年（一六六二）一月には大条兵庫宗頼が隠居し、かわってその子監物《けんもつ》宗快《むねよし》が奉行となる。寛文二年には、奥山・柴田・富塚・大条の四奉行というのは名ばかりで、古参の大学の勢威は決定的になった。前年の三月大学は、飛驒守および兵部から老中酒井雅楽頭らへの強い申し立てによって、三〇〇〇石から六〇〇〇〇石への加増を許されていた。

寛文二年、田村右京は、さきの茂庭佐月あての書状のなかで、兵部と立花飛驒守が大学「壱人に御《お》仕置《しおき》（政治のこと）等仰せ付けられ」ているのを非難している。

寛文三年二月、里見十左衛門重勝が奥山大学を弾劾した文書によって、大学のとった行動をみることにしよう。

奥山大学の花押

——忠宗の世に死んだ今村三太夫の跡式《あとしき》について忠宗の命令をのちに書きかえて違った処置をした。藩主の御霊屋《おたまや》（廟）の御用にさえたてぬ宮城郡愛《あや》子《し》山の松を五〇〇本も伐って自分の建築にあてた。禁制をやぶって、饗応にぜいたくをつくし、毎度乱酒乱舞した。笹町但馬《ささまちたじま》の在所のことについては、綱宗の命令を押えた。かつて家老衆は賄賂《わいろ》をうけとらなかったが、近年は金銀その他なんでも受けとる。仙台城中の鷹屋を自分の屋敷にたて、御鷹師衆を自分の屋敷につめさせ、また正月三日の御野初《おのぞめ》（馬ぞろえを兼ねた狩）にも藩主御名代《ごみょうだい》同様のふるまいをした。なんの忠功もない者を勝手に登用している。去年、自分の領地吉岡の米を藩に納め、石巻の藩米二〇〇〇石を私のものにし、藩の費用で江戸にのぼせた。物頭・郡奉行など歴《れつき》とした侍を、自分の江戸上下の送り迎えのため他領にまでおよびだしている。――

――その他あわせて一六カ条である。さらに付記して、大学弟遠山勘解由《とおやまかげゆ》、末弟永江主計《ながえかずえ》ら三〇人に対するえこひいきを列挙した最後に、つぎのように評した。

「第一義理存ぜす候事、不思案もの、ゑこひいき、私欲、好色、乱舞、大酒、鷹、碁将棋《ごしょうぎ》、庭ずき」

同年三月の某氏の大学弾劾も、これに劣らず詳細に大学の行跡をあげて非難し、弟遠山勘解由が寛文二年のわずか一年のうちに、大番頭・評定役となり、加増をうけ、着坐に列するという、「人間一世之内に、一度御座候へば、能仕合《よきしあわせ》と申す程の立身」を四度までしたこと、末弟永江主計も番頭・評定役・出入司《しゅつにゅうつかさ》（収入役にあたる）と累進したことを論難している。

大学は奉行に就任してはじめてのぞんだ裁判で、ほとんど裁決がきまったのを再審し、これをくつがえしたという話が、『古談筆乗』に伝えられている。

かれのこのような自信と専行は、いま頂点に達したのである。

六カ条問題

奥山大学のこのような高姿勢と専断の行きつくところは、兵部との対立衝突であった。兵部および右京への三万石分与にともなって、寛文元年五月、兵部・右京の領地絵図が幕府に提出された。ところが、兵部は、一ノ関領の北境の衣川《ころも》をすべて自分の一ノ関領に編入しようとした。奥山大学はこれに反対し、ひでりのさいの用水のこともあるからといって、片瀬・片川に定めた。衣川の南岸と河水の半分の領有だけを認めたのである。

寛文二年二月にも兵部は同じようなことを計画したが、大学はこれをおさえた。

また、兵部と右京は、その領内の制札を独自に立て、伝馬《てんま》・宿送《しゆくおくり》の運輸のことも独自の権限で自由にし、幕府献上の大鷹も亀千代を経由せずに直接献上し、初雁《はつかり》・初鮭《はつさけ》の献上も亀千代にさきんじて行ない、さらに兵部は格式にすぎた鶴の献上まで行なった。また、他領との境の出入を統制している留物《とまり》についても、亀千代方の通判（通過許可証）を受けずに通し、他領との人返しや請取りについても、亀千代方に無断で自由に裁決した。

「相定《あいさだめ》候制札之事、夫伝馬《ふてんま》幷《ならびに》宿送之事、大鷹之事、初鳥・初肴《さかな》公方様へ指上候事、他国へ人返之事、境目通判之事」

この六カ条が、兵部・右京と大学との争点である。

寛文二年六月、大学は仙台経ガ峯《きようみね》の御霊屋瑞鳳殿《ずいほうでん》・感仙殿《かんせんでん》に参拝して、政宗・忠宗の霊に志の達成を祈ったのち、江戸にむかった。このとき大学は、同役の家老柴田外記にかたったという。

――このたび六カ条問題で江戸にのぼる。当然同役と相談すべきだが、この問題はかりに成功しても、両後見の機嫌《きげん》をそこなうことだから、いまの職にはとどまれぬだろう。事が不調におわれば遁世して高野山《こうやさん》にはいる覚悟だ。そのような次第なので、相談せずに江戸にのぼるのだ。――

のちに古内志摩義如《よしゆき》は、大学を評して、「術策をもって悪事をたくらむ者でなく、善悪ともになみなみならぬ人物」とのべた。六カ条問題についてのかれの行動は、その人となりと専行ぶりを最もよく示すものであった。そして、それは、かれじしんが予言したとおり、その政治生命をとめるものとなったのである。

大学は立花飛驒守を介して酒井雅楽頭に訴えた。雅楽頭は、大学の訴えをいれて、寛文三年四月、六カ条の件はすべて亀千代方に従うことに決定し、兵部と右京はこの決定にしたがう連署証文を大学ら四人の奉行あてに提出した。伊達六十二万石の内からわけられた兵部・右京の領主権は、完全な独自性を留保した正規の大名領主権とは認められなかったのである。

このとき、大学にあてた大条監物・柴田外記の連署状は、雅楽頭がこの問題について、自分の名が仙台藩の公文書に記載されることをきらっているとのべ、その理由は飛驒守にさえわからぬのだが、推測するに兵部への遠慮と、雅楽頭が独断で指図したことへの遠慮とからであろうとしている。

おそらく雅楽頭としては、姻戚関係にはいろうとしている兵部の問題を内輪にすませたい気持がつよかったのではあるまいか。この年十五歳の兵部の子東市正《いちのかみ》宗興と雅楽頭の養女との正式の婚約は、この翌年であるが、それよりさきに娘は兵部の邸に移っていたという。

ことは落着した。が、大学が予測したように、かれは奉行の座を追われることになる。寛文三年二月、折をみはからっていた里見十左衛門の弾劾文が大学につきつけられ、それは兵部にも提出された。三月には、おりから下向した国目付に一門および家臣らの訴えがだされ、国目付から老中に報告されることになった。六カ条問題の結着後、大学はついに病気を理由に辞職せざるをえなくなる。兵部・右京が老中の内意をえて、大学を罷免したのは、この年七月二十六日であった。

かつて権勢をほしいままにした大学は、一転してもっぱら「悪人」の名でよばれることになったのである。一門以下の重臣の気持は大学の免職だけではおさまらず、これを処罪しようという意見が強かったが、ことを穏便にはからおうとする兵部らの意見で、年末のころには大学の問題は結末をみたらしい。奥山大学処罪の、その急先鋒にたったのが、伊達安芸であった。

原田甲斐の登場

原田甲斐の花押

甲斐、奉行となる

寛文三年（一六六三）原田甲斐宗輔と伊東（伊藤）新左衛門重義が奉行に就任した。その月日は確かではない。『兵甲記』は、これを奥山大学免職ののちとしているが、伊東家系図では新左衛門の奉行就任をこの年五月としている。大学の免職の前後のころであることだけはまちがいないだろう。

いずれにせよ、甲斐・新左衛門の奉行職任命は、大学の罷免で生じた欠員をうめるために行なわれたのではなく、すでに一年前から問題となっていたのが、おくれて実現したものであった。

寛文二年七月、伊達兵部が田村右京にあてた書状には、「家老（奉行）の数が不足なので、親類中で入札をし、その結果を仙台から江戸の立花飛驒守にも見せた」ことが記されている。

六人制がたてまえだった奉行が、当時は奥山大学・柴田外記・富塚内蔵丞・大条監物の四奉行となっていたので、二名を補充する必要にせまられていたのである。

入札の結果は、大学の弟でこの年、評定役についたばかりの遠山勘解由、宿老・江戸番頭で小石川堀普請奉行をつとめた後藤孫兵衛近康、宿老・評定役の原田甲斐、および着坐・大番頭兼評定役の伊東新左衛門の四人に札が集まった。この四人のうちから、甲斐と新左衛門がえらばれる結果になったのである。甲斐は宿老、在所は柴田郡船岡で、その知行高は寛文十年の侍帳では、四一八三石となっている。新左衛門は着坐。知行は桃生《ものう》郡小野二六七〇石である。

就任の経緯

「伊達騒動」の立役者原田甲斐宗輔の家は宿老。伊達家の始祖朝宗以来の譜代の臣と伝えられる。鎌倉初期以来、五世紀にわたって主従の縁が続いたことになる。宗輔の曾祖父原田大蔵丞宗政は、政宗の父輝宗の世に宿老となったが、天正十年（一五八二）相馬攻めの合戦に戦死した。祖父左馬助宗時は、父の跡をうけて宿老となり、若くして武功をあげ、政宗の信任をうけたが、文禄二年（一五九三）の朝鮮の役に従軍して病にかかり、対馬《つしま》で死んだ。二十九歳であった。戦国時代の宿老は、のちの家老（奉行）にあたる。世襲がたてまえであった。父宗資《むねすけ》は、一家桑折宗長《こおりむねなが》（点了斎）の子で幼名を弁慶といったが、原田家の養子となって甲斐宗資と名のり、桃生郡大瓜《おおり》三〇〇〇石を知行し、のち柴田郡船岡に移ったが、元和九年（一六二三）四十二歳で死んだ。

父のあとをうけて、宿老家の筆頭原田家の家督となったのは、その子弁之助、五歳であった。成人して雅楽《うた》宗輔と称し、のち甲斐と改めた。宗輔の母（慶月院）は茂庭延元の娘で、母はさきにふれた秀吉の側室香ノ前である。妻は津田豊前頼康の娘であり、茂庭氏ではない。奉行をつとめた頼康はすでに死に、その子玄蕃景康が寛文三年に評定役となっていた。頼康の妻は良元の娘で、甲斐の長男の

茂庭・原田・津田略系図

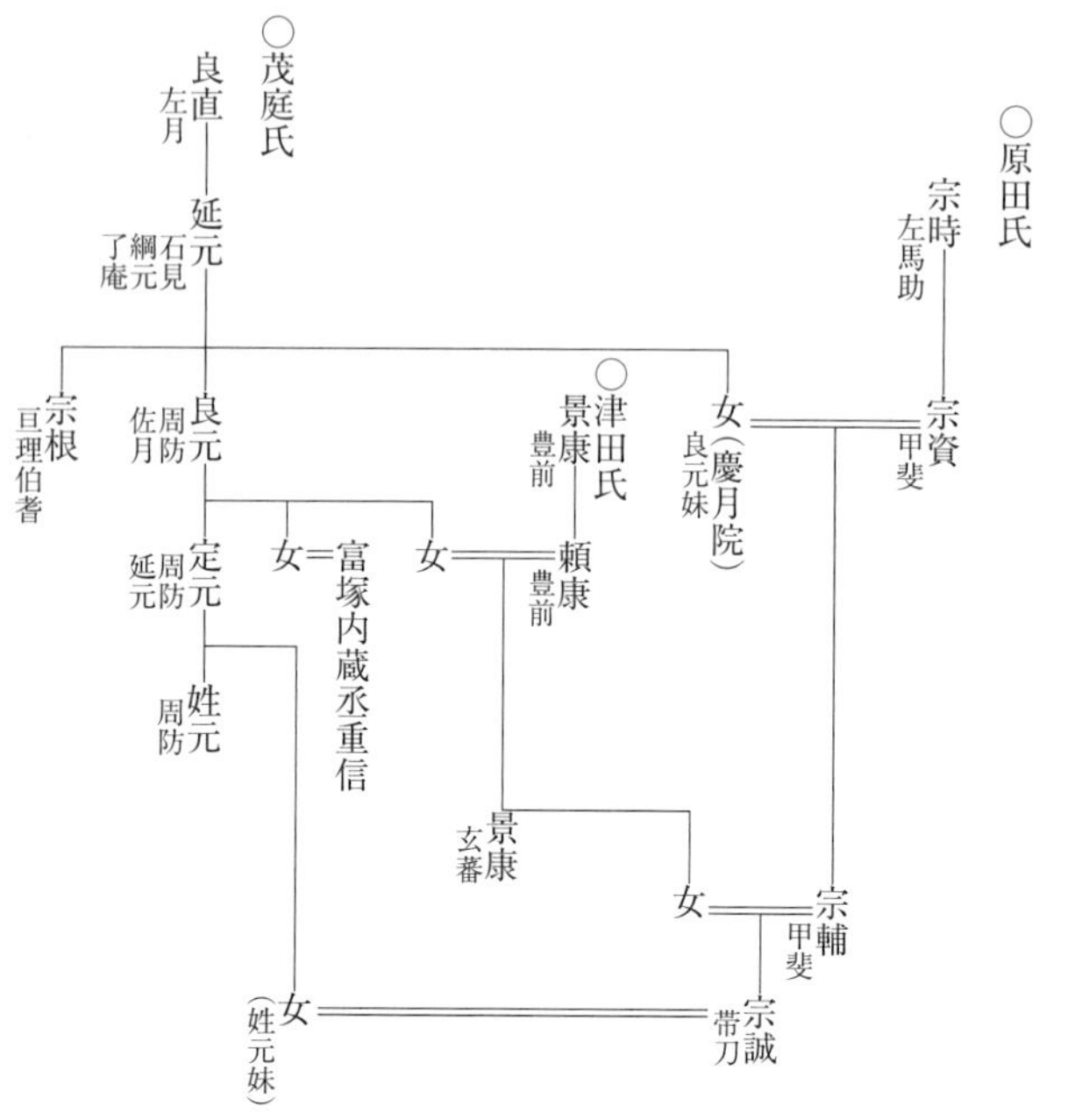

津田頼康の妻を良元の妹とするのは誤りである。茂庭邦元氏の教示による。

妻も茂庭氏である。茂庭・津田・原田の三家は深い姻戚関係を保つことになる。

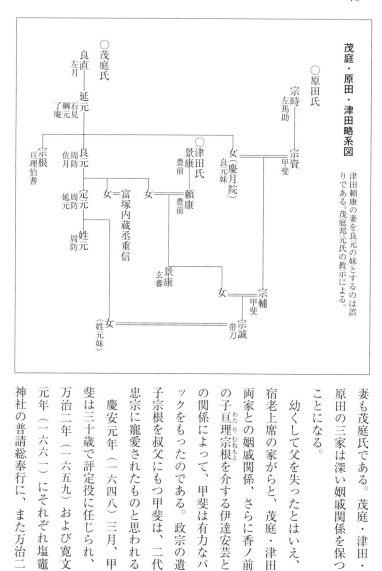

　幼くして父を失ったとはいえ、宿老上席の家がらと、茂庭・津田両家との姻戚関係、さらに香ノ前の子亘理《わたり》宗根《むねもと》を介する伊達安芸との関係によって、甲斐は有力なバックをもったのである。政宗の遺子宗根を叔父にもつ甲斐は、二代忠宗に寵愛されたものと思われる。

　慶安元年（一六四八）三月、甲斐は三十歳で評定役に任じられ、万治二年（一六五九）および寛文元年（一六六一）にそれぞれ塩竈神社の普請総奉行に、また万治二年には忠宗廟感仙殿の普請総奉行にあてられている。万治三年の綱宗の逼塞隠居の一件のころ、宿老・評定役として江戸にあってことに当たったことはさきにふれたとおりである。田辺実明が『真相』のなかで、当時甲斐が仙台にいたとのべていたのは、もちろん誤りである。また、綱宗隠居についての連署に参加したことも、前述のとおりである。田辺はその連署人から甲斐の名を脱落させているが、もし故意になされたのだとすれば、それは大池唯雄氏の評のように「不徳義」な態度だといわなければならぬ。

宿老家の上席というその家格からみても、甲斐の奉行昇任は、時間の問題だったといえる。しかし、そのころ伊達兵部は甲斐をきらっていたらしい。甲斐を推薦した田村右京に対して、兵部は寛文二年七月の書状でのべている。

——甲斐については、先年江戸詰のころのつとめの様子を万事承知のとおりである。御用つとめの能力にかまいなく、単に家すじだけで甲斐を奉行に任命するのなら話は別である。もしそのばあいは、御用をたすのには心もとないから、甲斐の詰番《つめばん》のときには、しっかりした評定衆をそえるべきだと思う。貴殿が甲斐を推薦なさるのは、奥山大学の一類ばかりが奉行となり、茂庭一類は病身の富塚内丞だけであるためかと推察している。——

このようにのべて兵部は甲斐を忌諱《きい》し、後藤孫兵衛と伊東新左衛門を推した。遠山勘解由は大学の弟だから、もちろん反対だ。さればといって、反大学党の茂庭の勢いが復活することにも賛成できない。茂庭・奥山両派の対立にいかに処するかということのような政略が、兵部の心を支配していたものと思われる。

結局、甲斐と新左衛門が奉行に決定したのは、その後奥山大学との対決の過程において、反大学という線で、兵部が茂庭勢力と妥協したためだろう。就任後数カ月の寛文三年九月、伊東新左衛門が死ぬと、その翌月茂庭周防が奉行にかえりざいたことからも、それをうかがうことができる。

甲斐の人物

甲斐の母は秀吉の側室香ノ前の娘である。佐々久氏も指摘したように、美人の血をうけた甲斐の容姿は、端正であったと思われる。宿老家に生まれ、政宗の落胤亘理宗根と同腹の妹を母にもつ甲斐の誇りは、また高かったにちがいない。その能力才腕はどうか。さきの兵部の書状では、甲斐はまったくの無能者よばわりをされている。が、評定役はさておき、塩竈社普請総奉行・感仙殿普請総奉行などの臨時かつ重要な役職は、能力を十分に考慮して任命されるものと思われるから、その前歴をみただけでも、かれを無能と断定することは無理である。兵部の甲斐評は、正確なものとはいいがたい。

その反面、かれが奥山大学のような型の強引さをもったきれものでなかったことも確かである。幼にして父に死別するという苦労をなめたとはいえ、母の深い慈愛のもとで、茂庭・津田一族の隠然たる勢力につつまれて育った甲斐は、どちらかといえばおおような性格だったのではなかろうか。この点で兵部の評は、まったく逆の作為的なものともいいきれないだろう。

寛文九年（一六六九）のころ、奉行古内志摩はこういっている。

——甲斐は奥山大学ほどに荒いことはないが、ひいきが強く立身威勢を望む点では少しも違いがない。とくに兵部様を非常におそれており、また目付役のいうことに対しては、すじの通らぬことでも同調する。——

甲斐の反対党である志摩のことばもまた信じることはできない。しかし、このような傾向が甲斐にはまったくなかったといいきることもできないだろう。

寛文六年、甲斐は父の冥福を祈って船岡の菩提寺東陽寺に梵鐘《ぼんしょう》を寄進した。東陽寺の僧はその銘に甲斐宗輔のことを「性篤実にして孝順也」と記した。これもまた、大いに割引きしてよむ必要があろうが、かれの性格の傾向をよみとることはできそうに思われる。なおこの鐘は、戦後鋳なおされて、登米郡米谷の東陽寺に現存する。

いずれにせよ、甲斐は『先代萩』の仁木弾正のような悪人でないことはもちろんであり、また山本周五郎が『樅ノ木』に記したような理想的人物でもなかったことは、まずうたがいなかろう。

ただし、ここで甲斐が忠臣か、また悪臣かというところまで断定することは、さしひかえなければならない。それは、奉行就任後のかれの行動を、仙台藩の政治過程のなかでみることで、はじめてできるはずのことだから。

兵部の〝才智〟

寛文二年（一六六二）の冬、江戸の田村右京が茂庭佐月（良元）にあてた書状によると、伊達兵部はまったく足腰がたたぬ状態で、この分では来年も同様かと思われ、気の毒千万である、そのため自分が国許《くにもと》に帰るのはまた延期になりそうだ、とある。この年、兵部は五十歳である。病名は明らかでないが、このころ足がたたなくなり、在所一ノ関住いを続けていた。

ここで、兵部の人物にふれておこう。かれについては、いろいろな話がのこされている。兵部がまだ赤子のころ、政宗はこの末子を愛したが、あるとき政宗にだかれながら便をしかけた。政宗は顔色をかえて、親に二便《にべん》（大小便）をしかけるものは家にたたる、この児をすてよ、といったという。

また、忠宗に殉死した古内主膳重広は、その死にのぞんで、「綱宗君の大酒と、家中に及ぶものなき兵部殿の才智」のふたつを心配した。その子肥後（主膳）重安らが、才智の人は国の宝でこそあれ、これを心配するのはいかがかと問うたのに対して、重広はいった。

「いや、かしこいというにも色々あるものだ。今後この人には注意せよ」

まえの話は、たわいのない口伝にすぎない。あとの話もまた幕末の文政十年（一八二七）にできた『在田利見抄《ざいでんりけんしょう》』にのせられた伝えである。どちらも、「騒動」がおわったのちに生まれた話にちがいない。

ただ、兵部の才智が抜群のものだったことは確からしい。また、その学問について、のちにふれる伊東采女重門《うねめしげかど》の上書は「兵部様、文学（学問）之博《ひろ》き事、尋常之者之及び難き程」とのべているし、大槻博士は兵部が子息の東市正《いちのかみ》に学問をさせ、自分も林羅山に学び、詩をよくしたことを記している。が、その才智が伊達家の乗っとりを計画するような性質のものだったかという点になると、ことは別である。万治元年（一六五八）七月、忠宗が死んで綱宗の家督相続の許可がまだ幕府からおりない不安定な時期にも、兵部は茂庭周防あての書状で、万事綱宗のために勘忍し、「御用等、万平《よろずたいら》に御たし候様」にとのべ、穏便な政治を専らにするように指示している。おなじ月に綱宗は周防あての書状でのべている。「兵部殿からも書状があるだろうが、そちら国許の政治は、万事をやわらかにすることが第一である」と。

大槻博士はこれを兵部の「内政干渉ノ実ヲ示セリ」と評しているが、その解釈は到底無理であろう。綱宗に対する兵部の誠実と、兵部への綱宗の信頼を読みとるほうが、すなおではなかろうか。

このように、綱宗の家督相続の前後に示された綱宗と兵部との深い関係は、その後綱宗の独裁政治の過程でくずれ、兵部は伊達家中とともに、綱宗を敬遠するようになった。にもかかわらず、綱宗逼塞のころから亀千代相続にかけてのころに、兵部が終始亀千代を家督相続人として支持したことは、すでに記したとおりである。

兵部が六カ条問題で、独立大名としてふるまおうとした事実は否定することができない。が、それは〝御家乗っとり〟とは別の次元の問題である。まだ、幕府および藩の制度が完全にかたまりきらなかった江戸初期のこの時期には、将軍に完全に直属する独立大名と、本家からも制約をうける内わけ大名の格式や区別などについて、あいまいな点が残されていたのであろう。もちろん、独立の大名への志向がかれの胸中にあったことは否定できない。しかし、かれには亀千代を無視するという悪意は、とくになかったのではなかろうか。

政宗の末子として、父政宗に、また兄忠宗に愛された兵部は、その才智と政治力にすぐれてはいたが、ことをたくらむ陰険な人物ではなかったように思われる。

甲斐と兵部

寛文三年（一六六三）九月、伊東新左衛門が死んだ。その奉行就任にあたってかれは、「忠言を呈するものがあれば、卑賤の者でもこれをしりぞけず、道理にしたがって採用すること。親疎によって賞罰を行なわず、へつらい人を大敵と思うこと。両後見たがいに隔心のないこと」という三カ条の誓紙を、兵部と右京から取りつけたという。が、前年来の病気のために三十三歳の生涯をとじたのである。

十月、茂庭周防定元が奉行に再任された。この年八月、定元の父佐月（良元）は八十五歳で死に、茂庭家の勢威はやや衰えたかにみえたが、定元もまた寛文六年（一六六六）一月、四十六歳で死去する。この六年五月には評定役古内志摩義如《よしゆき》が奉行に進んだ。義如は古内重広の弟義実の子である。着坐で、胆沢郡上口内《かみくちない》三三〇〇石を知行した。

この年寛文六年、大条監物宗快《むねよし》と富塚内蔵丞重信が病気のために辞職し、奉行は、柴田外記・原田甲斐・古内志摩の三人となった。外記は五十歳、新任の志摩は三十六歳。このような状況のなかで、奉行中堅の甲斐と、後見兵部との関係は緊密になっていったのであろう。

寛文の仙台城下絵図

仙台の宮城県図書館には、寛文四年（一六六四）の仙台城下絵図がある。戦後、伊達家から宮城県図書館に移管された縦横各三メートルにおよぶこの絵図には、足軽などは別として、二五〇〇ほどの侍屋敷が記載され、それぞれにその屋敷の主の氏名が記入されている。

当時の仙台城下は、南は河原町・三百人町・木ノ下・榴ガ岡・小田原・北六番丁（上杉五丁目）・北山・八幡町から川内にかこまれる範囲である。これを仙台輪中《わのうち》（郭内）とよんだ。城下のはずれの北山や新寺小路には数多く寺院がたちならび、六十人町・五十人町・三百人町・北五十人町・堤町《つつみまち》などの足軽町とともに仙台城の防衛地帯を構成した。

芭蕉《ばしよう》ノ辻《つじ》を中心とする城下の中央部と、河原町から芭蕉ノ辻を通って堤町に抜ける奥州街道ぞいには町人町《ちようにんまち》が配置されたが、その他の大部分、城下の面積の八〇パーセントは侍屋敷がしめている。

現在の仙台市街の大半はすでにできあがっていたわけである。その当時の人口は約五、六万。江戸・大坂・京都を除けば、金沢・名古屋などにつぐ指折りの大都市である。

さて、「伊達騒動」の役者たちは、どこに屋敷をかまえていたのか。川内と片平丁《かたひらちよう》がそれである。

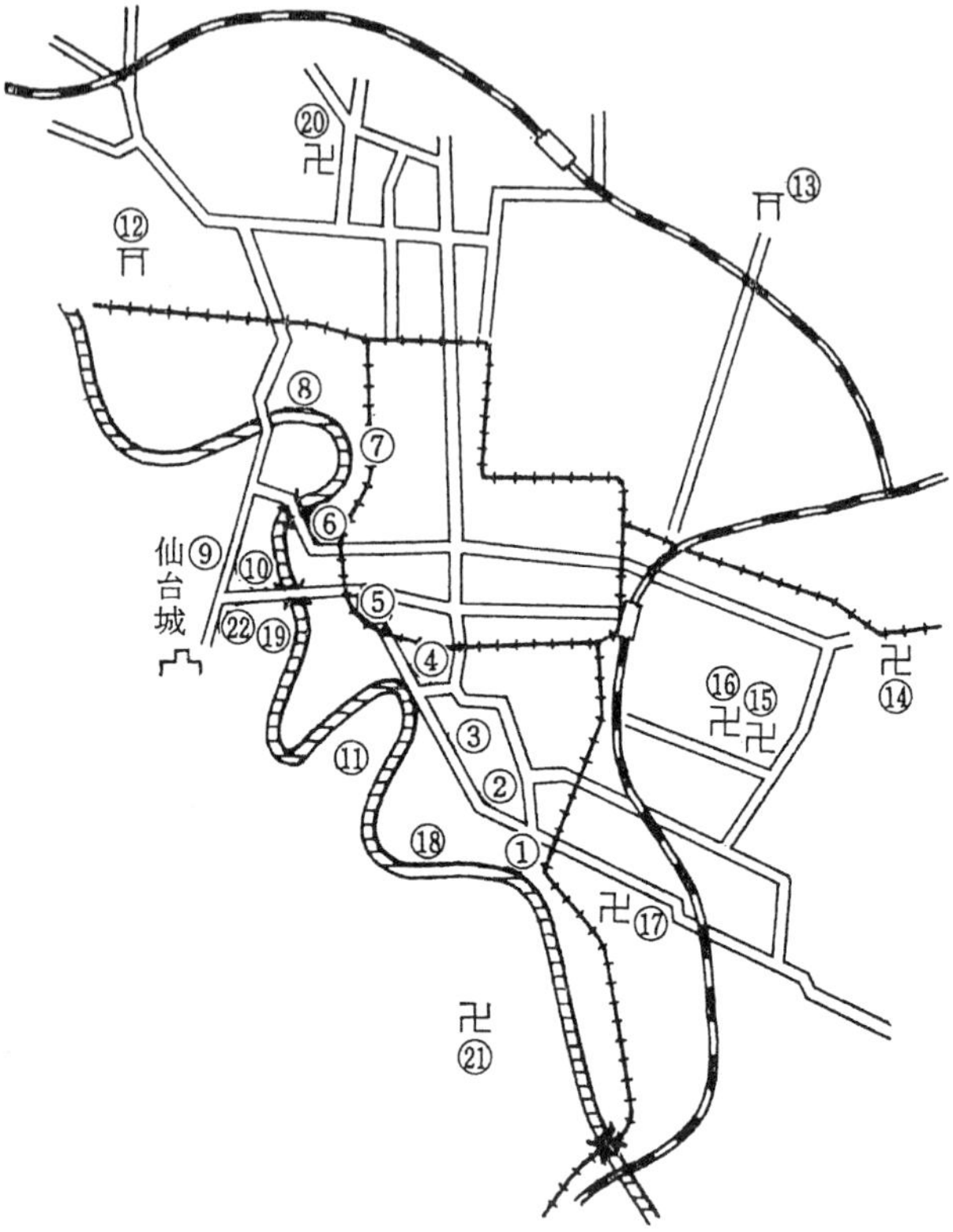

①柴田外記屋敷（東北学院大学）	⑫大崎八幡神社
②伊達式部屋敷（東北大学）	⑬東照宮
③田村右京屋敷（　〃　）	⑭榴ガ岡釈迦堂
④原田甲斐屋敷（仙台高等裁判所）	⑮東九番丁孝勝寺（三沢初子墓）
⑤茂庭周防屋敷（大神宮）	⑯新寺小路善導寺（貝姫墓）
⑥片倉小十郎屋敷（天文台）	⑰荒町仏眼寺（榲原品墓）
⑦伊達安芸屋敷（公会堂）	⑱米袋鹿子清水しばり地蔵（伊東七十郎）
⑧伊達兵部屋敷	⑲大橋
⑨仙台城大手門・二ノ丸（東北大学）	⑳新坂通荘厳寺（原田甲斐邸の門）
⑩幕府目付屋敷	㉑大年寺（綱宗以後の墓）
⑪御霊屋（政宗・忠宗・綱宗廟）	㉒仙台市立博物館

仙台市内の「伊達騒動」関係遺跡

ふつうの侍、平士たちの小さな屋敷――といってもそれは百石取りの侍なら三六〇坪（約一二〇〇平方メートル）の屋敷をあたえられるのだが――が密集する北番丁・東番丁（その名称は昭和四十五年の町名変更で消滅した）にくらべると、まことに広大な屋敷がならんでいるために、それは絵図上でひと目でわかる。

片平丁の南の端のあたりに、柴田外記の屋敷がみえる。いまの東北学院大学の敷地である。その向いは大条監物。少し北に行くと、伊達式部・伊達弾正・石川民部・田村右京・伊達左兵衛の屋敷がならんでいる。いまの東北大学構内である。その北隣、片平丁小学校のところには飯坂仲次郎、その隣の裁判所の敷地には、立役者原田甲斐と奥山大学が屋敷を接する。寛文三年に死んだ内匠宗章《たくみむねあきら》のあとの飯坂家をついだ仲次郎は、甲斐の次男でこの寛文四年には十六歳。父子が屋敷をならべているのである。大神宮のあたりには茂庭周防。桜ガ岡公園の天文台から公会堂あたりにかけて、片倉小十郎・伊達安芸・富塚内蔵丞などの屋敷がならぶ。そして片平丁の北のはずれに「兵部様」の屋敷がある（いま広瀬町）。

大橋からうちの川内は、「城下」ではなく、城のうちのあつかいで、他国者のはいることは許されない。その大橋を渡ったすぐ南がわは、寛文九年ごろの絵図では、津田玄蕃の屋敷であり、古内志摩の屋敷も川内にみえている。大橋の行きあたりが、いうまでもなく仙台城である。藩祖政宗がきずいた本丸に対して、二代忠宗の寛永十六年（一六三九）には二ノ丸が建設され、そののちは二ノ丸が仙台藩政の心臓部となっている。城の北西には、政宗の建立した大崎八幡が、南西の経ガ峯には霊屋《おたまや》（政宗廟瑞鳳殿・忠宗廟感仙殿。のち綱宗廟善応殿がたつ）が、北東には東照宮がみえる。釈迦堂は、もちろんまだみえない。

なお、里見十左衛門の屋敷は花壇にみえる。のちにふれる伊東采女は清水小路、渡辺金兵衛は米が袋、今村善太夫は川内に、それぞれ屋敷をかまえている。

片平丁の別の名は、大名小路という。御客大名とよばれた一門たち、またおなじく万石クラスの大身たちが、その屋敷をならべたためである。仙台城下に数千坪の広大な屋敷をつらねながら、またいっぽうではそれぞれの在所に館屋敷《たてやしき》をかまえたかれらによって、「伊達騒動」はこれから、どのように展開されるのだろうか。

それを見まもるかのように、仙台城大手門のてまえの北がわに、「御目付様」屋敷がふたつならぶ。いうまでもなく、幕府からの国目付の屋敷である。そして、片平丁の石川民部の屋敷のむかいの米が袋に、「籠《ろう》」がみえる。仙台藩の重罪人を収容した牢屋である。

党争の激化

里見十左衛門、兵部をいさめる

一、御家中《ごかちゅう》には、学問は不要だという者がいるようにきく。これは将軍家の意志にも反する。かたがたもって浅ましいことである。

一、亀千代様の家来については、亀千代様に対する奉公の忠不忠を基準にして召しつかうべきであるのに、兵部様は自分の御用を基準にして、かれらを近づけたりうとんじたりしている。

一、去年京都からの借金のことを家中から願ったところ、これを握りつぶしておいて、兵部様が借用し、亀千代様の領中で米を買って商売をした。

一、目付衆を重用することが度をすぎている。

一、両後見の仲が悪いのは、殿様のためにならず、また幕府に提出した両後見の誓詞にも違反する。

一、ただいまのように、家老・出入司・小姓頭を疑うようでは、かれら自身はもちろん、領内の四民までも安心することができない。

一、諸侍に対する役職選任のしかたが正しくない。

里見十左衛門の花押

一、奥山大学という悪人を兵部だけの意見で、第一人の執権者としたために、御家をかたむけることになり、兵部様も天下のあざけりをうけたにもかかわらず、いまなお後悔の心がない。伊達家滅亡の危機と存ずる。

寛文六年（一六六六）正月十五日、五十八歳の里見十左衛門重勝は、このような趣旨の覚え書きを一ノ関の兵部に提出した。重勝はかつて目付をつとめ、のち小姓頭となったが、眼病のために前年の寛文五年に辞職引退していた。十左衛門の父はかつて政宗に仕え一五〇〇石を知行したが、のち紀州に移った。十左衛門は人を斬って紀州を去り、仙台に来て伊達家に仕え、六四〇石を給された。その殺人も武士の志から発したものだという。激しい気性のもちぬしだったことは確かであろう。すでに寛文三年奥山大学の弾劾のきっかけをつくったかれは、そのおなじ年には総家中への臨時の課役にも反対の意見書を提出したことがあった。前年の寛文五年末に十左衛門は兵部に面会を申しいれたが拒否され、このような文書を提出する形になったという。

十八日、兵部はこれに対する答書を十左衛門に伝えた。

――学問については、一昨年江戸浜屋敷でいつも講釈が行なわれているときいた。まだ幼い（寛文四年には六歳）亀千代様の御慰《なぐさ》みに学問をするわけでもないのだから、殿中に大勢が寄り集まって講釈議論をすることは、世間の取沙汰もあることゆえつつしむように、といったことはある。もちろん、学問を悪いなどというのではない。家中の借金を押えたおぼえはない。買米のことは、亀千代様はじめ侍・商人の買米の障害にもならないことを、奉行・出入司からきいた上でやったことである。その他についてては合点《がてん》のゆかぬことばかりだ。貴殿の申す諸箇条は、領中買米と奉行以下への疑心という二カ条を除外すれば、すべて田村右京にも関係する問題だ。このたび原田甲斐が江戸にのぼるから、甲斐に申されて江戸の右京殿にも申しあげられるべきではないか。

その後のやりとりの途中で、兵部は十左衛門に仙台で面会する約束をしたが、のち病気の理由でこれをことわり、甲斐に託して江戸に申達するよう、重ねて十左衛門に申し送った。ほこさきをかわされた十左衛門は、やむなく、兵部のいうままに、二月四日甲斐に文書を提出した。兵部に提出した文書と趣旨はおなじではあるが、内容はもっと具体的なものである。

——家の浮沈は亀千代様の行跡にかかっているのだから、そのそば近くに学問のある人材を配すべきであること。兵部が目付のなかで里見正兵衛を冷遇し、渡辺金兵衛を重用していること。家中借金願いを押えて、兵部自身が借りたのは事実であること。亀千代様の領中での兵部の買米が、亀千代様の障害にならぬというのは、うそであること。目付役は忠宗の時代にはじめて設置されたが、綱宗様の代までは目付役が奉行・出入司・小姓頭の密談に参加することはなかった。それが兵部の指示で去年から加わるようになったこと。

これらの文書は、事件ののちに編纂された『桃遠境論集』『兵甲記』『家蔵記』などに掲載されているものであるが、兵部の答書などからみて、信用してよかろう。十左衛門の激しい非難に接した兵部

後見・田村右京の花押

は、かれを死罪にしようとしたが、田村右京の不賛成のために思いとどまったともいう。

ところで、寛文三年（一六六三）に死んだ奉行伊東新左衛門には采女《うねめ》重門《しげかど》という養子があった。〝兵部の才智〟を憂慮しながら死んだ古内重広の実子である。その実父・養父ともに反兵部であった重門が、かねて兵部に強い反撥の気持をいだいていたことはいうまでもない。この年寛文六年三月、かれは、同族の伊東七十郎重孝をやって、兵部と十左衛門との一件を伊達安芸に訴えた。

さきにものべたように安芸は、伊達一門のうちで、兵部に抑えのきくただひとりの人物だった。すでに寛文三年五月、伊達家の財政難打開のために総家中に課役をすることについて、兵部・右京両後見から一門衆に下問があったさいには、「近年功労もないのに加増をうける者があとをたたず、すべて政治に不公平が多い。いま課役を仰せつければ、幕府目付に訴える者も出かねないだろう。自分の知行二万二六〇〇石の貢租の今年分を、すべて献納するから、課役はとりやめられたい」と反対してこれを抑えたことがある。

采女の報告をうけた安芸は、寛文六年八月、兵部に書状を送って、十左衛門に対する寛容なあつかいを要請したが、兵部は「侍に似合わざる仕形」と十左衛門を非難し、安芸の言をしりぞけた。采女もまた七十郎と相談して兵部に諫書を呈し、十左衛門の忠志をのべて、非政を改めることを進言した。

目付役渡辺金兵衛

里見十左衛門の諫争《かんそう》の重要なポイントが、兵部が目付役を過分にもちいることにあり、とくに目付役のなかでも渡辺金兵衛を近づけて重用していることにあったことは、かれの覚書をみれば明らかである。渡辺金兵衛とは、なにものであろうか。

かれは、もと牢人であったが、綱宗の代に召しかかえられたという。伊達譜代の臣には、渡辺という家はないから、かれが新規とりたての者であることは、確かである。

寛文三年（一六六三）十一月、渡辺金兵衛義俊は今村善太夫安長・里見正兵衛盛勝と三人で、勤めかたの心得について起請文《きしようもん》（神仏に誓った文書）を両後見に提出している。この月は、五歳になった亀千代が袴《はかま》つけの式をあげた月で、この起請文はそれと関連して出されたものであるが、そのなかに「このたび仰せ付けられ候三人」とあるのによれば、金兵衛らはそのころ目付役となったものかと思われる。

『古談筆乗』には万治三年（一六六〇）の綱宗近侍の成敗のさいに、金兵衛が渡辺七兵衛とふたりで、渡辺九郎左衛門を斬ったことが記されている。しかし、金兵衛が斬刑にあたった九郎左衛門は、引田《ひきた》流槍術の達人で、豪勇の伊東七十郎もかれと立合ってやぶれ、これに師事したという。その九郎左衛門を討った金兵衛が、刀の腕もたち、政略のかけひきにも、なみなみでない力とすご腕をそなえていたことは、うたがいのないところであろう。

寛文四年（一六六四）六月、亀千代は江戸城で将軍徳川家綱に謁見して、六十二万石の領知判物《はんもつ》（花押をすえた公文書）を賜わり、この寛文六年には八歳になっていた。けれども、成年に達するにはまだ遠い。国目付の仙台下向は定期に行なわれ、仙台藩に対する幕府の監視は続行していた。

このような幕府権力の監視のなかで、それと関連しながら、伊達家中じたいでの検察政治は強められたのである。

寛文三年十一月の金兵衛ら目付役三名が連署した起請文につぎのようなことが書かれている。

家中の悪事については、自分の親子兄弟はもちろん、殿様の御親類衆のことでも、遠慮なく報告する。両後見に私曲があれば再三申しあげ、ききいれられないときは、隔年に仙台へ下向する幕府目付にきっと申しあげる。裁判の不公平を監督し、奉行衆・評定衆・出入司・小姓頭・郡奉行以下の私曲をきっと取りしまる。

目付役が、奉行以下に対してはもちろん、両後見に対してさえ、幕府国目付と結んで強い権限をもったことが、ここに示されている。二代忠宗の代におかれた目付が、亀千代の代になって、にわかに大きな役割を演ずるようになるのは、当然だったといえる。

このときの目付役が、ほかならぬ渡辺金兵衛だったことは、この役職をとくに重いものにさせる結果になったものと思われる。兵部が目付役を手なづけるために、金兵衛を近づける。金兵衛はまた出世のために兵部に近づく。ふたりの結びつきが強まるのは、しぜんのなりゆきであった。

後見のひとりである田村右京が「後見」とよんだ立花飛驒守（好雪）は、寛文四年に隠居していたから、右京をさしおいての兵部単独後見は、いっそうかたいものになっていたのである。

兵部と金兵衛との結びつきを強めたのは、金山本判役《かねやまほんばんやく》の一件であった。金山本判役というのは、鉱山の採掘者、金《かね》掘《ほ》りに対する課役金である。政宗が豊臣秀吉から許されて以来、仙台藩はその役金を幕府に上納せずに自由にできる特権をあたえられていた。

ところが、兵部の一ノ関領内にある金山についての役金の帰属について、さきに問題がおきたが、奥山大学はこれを保留して、兵部に帰属させずにおいた。大学の失脚後、金兵衛の尽力によって、一ノ関領内の金山本判役は兵部の収納に決定したというのである。

奉行・古内志摩の花押

三万石の後見役兵部と、四〇〇石の目付役渡辺金兵衛の線によって、伊達六十万石の政治が、実質的には動かされる、という傾向があらわれた。
奉行原田甲斐は、この金兵衛に一目も二目もおかなければならなかったらしい。金兵衛がのちに小姓頭に進むと、こんどは小姓頭の威勢が強くなる。寛文九年（一六六九）のころ、古内志摩はいっている。甲斐は、威勢が出てきたとはいえ、実は小姓頭のつよいのと合点してのことで、とても抑えにはならない。人びとは、内々では奉行よりも渡辺金兵衛を重くみている、と。
はじめに紹介したように、大槻文彦は「伊達騒動」における「奸魁」＝悪党の第一として渡辺金兵衛・今村善太夫をあげた。「奸魁」の表現はさておくとしても、かれが仙台藩の警察政治の展開の立役者だったことだけはたしかだろう。

河野道円父子の処罪

寛文六年（一六六六）十一月二十七日、江戸で医師河野道円父子と浜屋敷の料理人が、兵部の命令で処断され、道円の婿で三沢初子の弟にあたる三沢頼母《たのも》と奥女中鳥羽《とば》がお預けとなった。道円は法橋《ほっきょう》、家格は着坐である。

『伊達四代記』『家蔵記』『寛文秘録』あるいは『仙台家中公事《くじ》物語』などには、この日、亀千代の膳を毒味した近侍が、たちまち吐血して死んだ、計画が失敗したのをしった兵部は、ことをふくめておいた道円を証拠湮滅のために殺害した、とのべている。

なお寛文八年（一六六八）七月にも置毒事件があり、塩沢丹三郎という小姓が死んだ、という。事件の真相は明らかでない。『治家記録』その他の公式の文書記録にも、その罪科については「品《しな》知らず」、罪科の内容は不明としてある。事件翌月の十二月、国もとの田村図書・和田織部から江戸の鈴木太郎左衛門にあてた書状には、道円の死罪の理由が明示されないので、仙台では色々とりざたされていると記されており、これに対する太郎左衛門の返書は、少々事情があるのでと回答をさけ、定めてそのうちには聞こえることだろう、とのべている。いっぽう、『田村家記録』には、道円が鳥羽など若い者と船にのりくんで大酒もりをしたことがあげられている。

文科大学（現東大文学部）教授星野恒《ほしのひさし》は、『仙台家中公事物語』が中国の書『春秋左氏伝《しゅんじゅうさしでん》』にみえる毒殺事件の叙述をまねたもので、事実とは思われない。もし十分の証拠があるならば、伊達安芸の訴状などには、まっさきにかかげられるはずではないか、とこれを否定した。

大槻文彦もまた、これについては否定的である。――兵部のこの計画は、亀千代の跡に自分の子息宗興を立てるためだったといわれる。しかし、当時亀千代には二人の弟がいた。これをさしおいて宗興を伊達家の主にたてられるはずはない。あるいは、ふたたび六十万石分割のことをはかったのであろうか。この置毒事件はきわめて不可解だ、と。

平重道氏は、真相を道円と奥女中鳥羽たちとの不始末にあるとし、公的な裁判をふんだばあいには、道円の婿三沢頼母秀三を介して初子・亀千代母子にもわざわいが及びかねない。ために行なわれた即決の処罪は、むしろ勇断として称賛されるべきだ、とのべている。きくべき卓見だと思われる。いずれにしても、歌舞伎『先代萩』のクライマックスとして仕立てられた幼君毒殺の場面が、歴史的に実在したと考えることは、無理であろう。

藩政時代、仙台藩主の膳部の毒味「試ミ《こころ》」はまことに厳重で、第一に料理人の与頭《よがしら》、第二に膳番、第三に小姓頭の順で試みられたのち、はじめて藩主が箸をつけた。このようにきびしくなったのは寛文以後のことだ、ともいわれていた。また、鱸《すずき》を食膳にあげるときも、すずきといわずに「せいご」（すずきの当歳・二歳魚）とよんだ。それは塩沢丹三郎が、置毒されたすずきで死んだためだ、と伝えられていたという。

寛文六年は、里見十左衛門の諫争《かんそう》にあけ、道円らの処罪で暮れた。が、この年には、そのほかにも、杉の木を勝手に処分したかどで仙台城本丸の城代宮崎筑後が嫡子孫兵衛とともに切腹、次男・三男は仙台城下から追放されるという事件があった。また、十四、五年以前の鉛《なまり》の収支勘定があわないことが摘発されて、もと勘定奉行小梁川市左衛門・只木下野《ただきしもつけ》に死罪が科されようとした。結局は、亀千代成長のときまで逼塞、ということにおちついたが、市左衛門らは六十四、五歳の老齢なので、処分中に死亡することは明らかであった。

こうして寛文六年は、「騒動」の展開にひとつの期を画する年となったのである。

伊東一族の処罪

寛文七年（一六六七）四月、下向した幕府目付の饗応《きようおう》謁見のさいの座席のことで、また問題がおきた。これまでの例は、奉行（家老）・評定役・着坐・大番頭・出入司・小姓頭・目付役の順であった。ところが、原田甲斐は、小姓頭渡辺金兵衛・目付今村善太夫のすすめにしたがって、着坐の古内源太郎重定と伊東采女を目付役のつぎにし、さらにその場になってから、甲斐の嫡子主殿《とのも》（帯刀）宗誠《むねもと》をふたりの上にした。

古内源太郎は、故主膳重安の嫡子である。重安の弟で伊東家の養子になった采女にとっては、甥《おい》にあたる。それは、前年の采女の行動に対する、金兵衛・甲斐らの挑発行為とみえた。

采女は伊東七十郎らを使者として、奉行柴田外記と原田甲斐を詰問したが、このとき、七十郎が甲斐に対して激しい悪口をあびせかけたために、外記・甲斐・古内志摩の三奉行は、兵部にその処罰を申請した。かつて七十郎は、老中板倉内膳に兵部の非政を報告したことがあったという。

裁決のすえ寛文八年三月、采女は逼塞、七十郎は伊達式部にお預けという刑がきまった。

三月二十一日、評定役の茂庭主水《もんど》為元（定元の子。のち周防姓元）から桃生郡小野の采女あてに、七十郎とともに仙台に出頭せよとの伝達があった。上仙したふたりが里見十左衛門をたずねたところ、十左衛門はいった。〝定めて切腹の申しわたしであろう〟

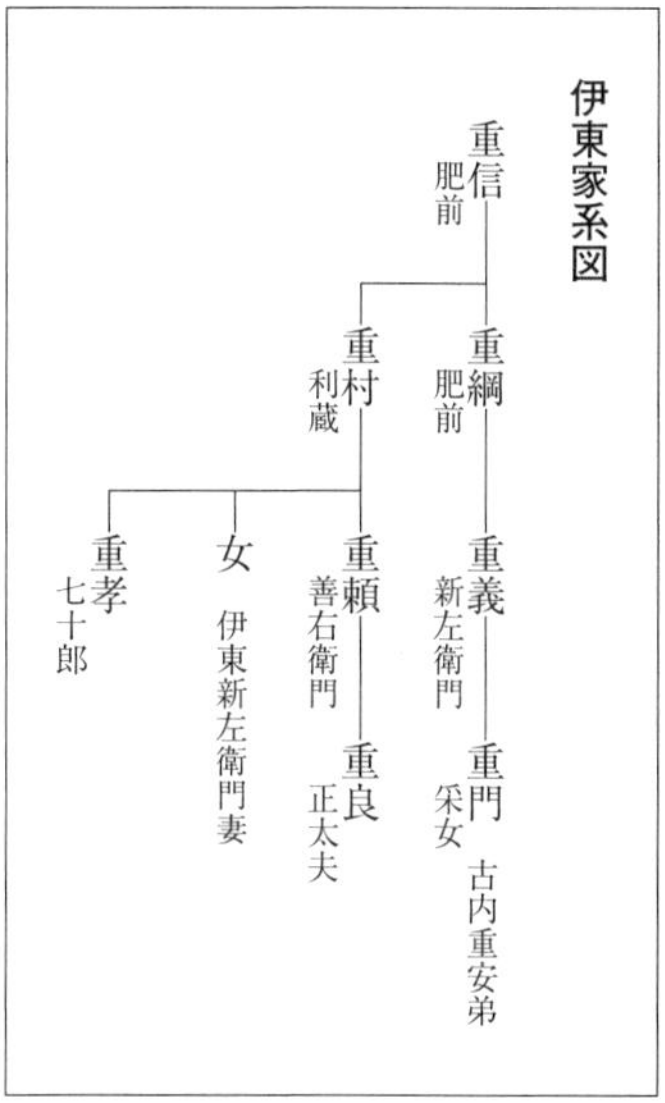

七十郎らは相談の結果、かつて采女の亡父新左衛門が兵部らからとった誓紙を返却するといいかけて兵部を討つ、という決心をかためた。しかし二十三日、兵部の在所一ノ関にむかうまえに、七十郎と采女は、ともに伊東家譜代の家臣と仙台からの捕り手のためにからめとられてしまう。

奉行原田甲斐らは、采女は御預け、七十郎斬罪、その父母と兄弟は死罪という考えを一ノ関の兵部に申告したが、兵部は采女も死罪にしようとし、四月みずから江戸にのぼって、田村右京とともに老中稲葉美濃守と内談した。結果は、奉行らの裁断のとおりにきまった。

四月二十八日、伊東一族に刑が申しわたされた。伊東采女は伊達式部にお預り、七十郎は斬罪、七十郎の父利蔵重村（宗休）切腹、母は死罪、兄善右衛門重頼切腹、重頼の子正太夫重良ら兄弟三人は流罪、正太夫の男子ふたりは仙台から十里外に追放である。

一度の審問もないままに、この重罪は決定された。八十歳をこえた七十郎の父母をはじめとして、伊東一族はここに潰滅的な打撃をうけたのである。が、采女の跡は、寛文八年、その家来たちの願いによって二六七〇石を一〇八五石にへらして、亘理伊達安房の次男刑部（右近）宗定につがせることが許された。かれらが、采女・七十郎をとらえたことを考慮された処置である。翌九年、采女は二十九歳で死んだ。

伊東七十郎の最期

三月二十三日、仙台米袋《こめがふくろ》の牢（東北大学農学研究所敷地）に入れられた七十郎は、三十三日目の四月二十四日、つぎのような遺書をかいて、人斬役人の万右衛門という者にあたえたという。

人心惟危《これあやうく》、道心惟微《これび》、惟精惟一《これせいこれいつ》、誠厥執中《まことにその中をとる》（允執厥中）。古語云、身をば危《あやうく》すべし、志をば奪べからず。又云、殺べくして、恥しめべからず。又云、内に省《かえりみ》てやましからず、是予《よ》が志也。食ヲ断テ、卅三日目ニ書之也。罪人重孝

最初の漢文は『書経』、つぎは『論語』、第三は『礼記《らいき》』、最後は『論語』から、それぞれ引用され

たものである。いかに身体に危害をくわえられ、また殺されようとも、その志をまげないという、かれの信条を読みとることができよう。

その四日後の四月二十八日、刑の執行を申しわたされた七十郎は、絶食四〇日に近い体で、牢から広瀬川まで歩いて刑に服した。最期にのぞんで、かれはいった。「人の首は前に落ちると体もまた伏すというが、自分は仰むけになろう。仰むいだなら、自分には神霊があると思え。三年のうちには兵部殿をほろぼそう」はたして、首が前におちると、かれの体は右足をふみだして仰むけにたおれた。こうして七十郎は三十六歳の生涯をおわった。

それから約三年の寛文十一年三月二十七日は、酒井邸での甲斐刃傷によって、兵部らの破局が決定する日である。三年のうちに兵部をほろぼす、ということばなど、この伝えには後世の脚色はあろうが、七十郎が豪勇にして学問を愛した人物だったことはうたがいない。なお、つけくわえると、原田甲斐と伊東七十郎との友好関係は、史料的に実証することができない。

自由な牢人の身分であったかれは、全国を巡歴し、京都では熊沢蕃山《くまざわばんざん》に陽明学を学び、江戸では山鹿素行《やまがそこう》らから兵学・古学を学んだ。平重道氏も指摘しているように、七十郎らがめざしたのは、学問を基礎にした道理による文治政治のみちであったと思われる。さきにふれた、里見十左衛門が学問を重んじ、亀千代の教育を重視せよと主張したのにも、おなじような考えがふくまれていたかと思われる。

兵部は個人としては学問を愛したが、体制としてはそれをうけいれなかった。学問をさかんにして政治に対する自由な批判が強まることをおそれたのだろう。すでに獲得したその権力を守るために、兵部は十左衛門や七十郎らをしりぞけて、渡辺金兵衛らを重用したのである。

その寛文八年の十一月、十左衛門もまた失意のうちに病死する。六十歳であった。

伊東一族の処罪以後、事態は深刻さをまし、党争はますます激しさをくわえる。

のちに伊達安芸が訴えたことによれば、万治三年（一六六〇）の亀千代の家督相続から寛文十一年（一六七一）三月までの一〇年余りの間に、伊達兵部が処分した人数は一二〇人、そのうち切腹は一七人、追放召放《めしはなち》は二二人、逼塞など八一人にのぼった。武断的傾向が強い藩政初期には、処罪される人数も当然多い。それにしても、この数は、明らかに兵部の警察政治を示すものといわざるをえない。ただし伊東一族を除けば、処罪人のほとんどが財政関係の罪で処分されていることに注目したい。

谷地紛争おきる

寛文五年の谷地争い

寛文五年（一六六五）伊達安芸宗重《むねしげ》の領内で遠田郡の東境にあたる小里村《おさと》（涌谷町）と、伊達式部宗倫《むねとも》の領する登米《とめ》郡赤生津《あこうづ》村との間に紛争がおきた。

紛争地は式部方に属することで、ことは落着した。

のちに安芸がのべたことばをかりると、「自分の知行である遠田郡小里村の谷地《やち》について、式部は郡奉行山崎平太左衛門を介して、それを登米郡赤生津村の谷地であり、したがって式部領だ、と申しかけてきた。小里村がたの正しさを示す確かな証文などをもってはいたが、亀千代様幼少のおりでもあるので遠慮をして、式部殿の勝手しだいに内々でことをすませた」というのである。

寛文五年の紛争は、まずこのようなことでおさまったが、その翌々年におきた紛争は、ついに伊達安芸の幕府への提訴となり、「伊達騒動」を決定的な段階においこむことになる。

いったい、谷地紛争とは、どのような意味をもつものなのだろうか。

大河川の治水工事が進み、これにともなって田地の開発が大きく促進されたのは、戦国時代以後、

伊達式部の花押

とくに江戸初期であり、これを推進したのは大名領主たちである。巨大な大名権力は領内の百姓の夫役を集中することによって、これまでの中小領主には不可能だった大土木工事を行なうことができたからである。仙台藩もまた例外ではない。

藩祖政宗の代、元和九年（一六二三）から寛永三年（一六二六）にかけて、北上川・迫川《はざま》・江合川《えあい》を合流させ、北上川を石巻に流出させる大工事が行なわれた。これによって排水と灌漑の便がはかられた結果、仙台平野は穀倉地帯としての性格を確定することになるのである。

こうして、新田開発の対象として重要視されるようになったのが、野谷地《のやち》あるいは谷地、つまり低温地にほかならない。

膨大な家臣団をかかえた政宗は、すでに開かれた田を知行としてあたえるほかに、野谷地をあたえ、その開発後に高に結んで知行とさせ、課役の対象とする、という方法をとった。

この方式は二代忠宗以後にうけつがれ、仙台領の新田開発を促進した。そして綱宗から亀千代（綱村）にわたる時期に、仙台領内の新田開発の勢いは、頂点に達したのである。

綱宗から亀千代に家督が相続される万治三年（一六六〇）には、それまで七年だった荒谷《こうや》期間、つまり新開田の不課役期間が、八年に延長された。かつて政宗の代に五年が通例だった荒谷年限は、いよいよ延長されることになったわけである。また、おなじ万治三年には、新田二〇町までは出入司、それ以上は奉行の判断で許可することが定められた。こうして、寛文四年から一〇年間に九万石の新田が開かれる。

これまでは、入会地《いりあいち》としてとくに重要視されなかった野谷地が、いまや知行領有の対象として、きわめて貴重なものになったのは当然であろう。

このような野谷地開発が仙台領内でもっとも盛んに行なわれた地域こそ、登米、桃生《ものう》・遠田の三郡であり、その領主が伊達式部と伊達安芸だったのである。式部は登米郡に一三カ村、桃生郡深谷《ふかや》（桃生郡西部）の大窪村・塩入村などを領した。安芸は遠田郡三一カ村のほか登米郡・牡鹿郡・胆沢郡などにあわせて数カ村を領した。どちらの所領も、大部分が一円的にまとまった地域をなしていた。

寛文十年（一六七〇）の『侍帳』によると、式部の知行は石高にして一万四一五〇石、そのうち三四五〇石が新田であり、安芸の知行は二万二六四〇石、うち二七五〇石が新田である。これらの新田は、谷地を開発して新たに高に結んで加増高とされたものである。

寛文十年の『侍帳』に一〇〇〇石以上の新田を知行する者は、このほかに五名をかぞえるにすぎない。登米伊達氏は、式部の養父相模宗直の代から谷地の開発に力をそそいだが、忠宗の子で登米伊達家の養子となった式部宗倫も、またこれにおとらず意欲的に開発を進めた。

式部と安芸の谷地紛争は、このような事情のもとでひきおこされたのである。それは、おこるべくしておきたもの、ということができよう。

伊達安芸宗重

伊達兵部・原田甲斐に対する、「伊達騒動」での一方の旗がしらといわれる伊達安芸宗重の先祖は、さきに簡単にふれたように、鎌倉時代から戦国時代まで亘理《わたり》郡を領した。始祖は千葉介《ちばのすけ》常胤の三男武石胤盛で、かれは奥州征伐従軍の功で、亘理・伊具・宇多の三郡を源頼朝から賜わったという。南北朝時代から氏を亘理に改めたといわれる。したがって、常胤の子孫である相馬家とも、元来は同族であり、鎌倉時代には関東御家人《ごけにん》として伊達氏とまったく同格だったのである。

その後戦国時代には、伊達稙宗《たねむね》の子元宗が亘理家の養子にはいって、伊達氏への従属をつよめ、慶長十一年（一六〇六）のころ以来、伊達一門に列して伊達氏と称するようになっても、なおかつての名門の高い誇りを保持していた。宗重のころには、二万二六〇〇石をこえて、その知行高は伊達家中で最高であった。宗重の父定宗の妹は、政宗の落胤といわれる亘理宗根《むねもと》の妻である。

宗重は、はじめ準一家の天童氏の養子となったが、兄の宗実が死んだために涌谷にもどり実家をつぐことになった。そのさい、家臣は宗重の復帰をめぐって対立したが、かれは反対派の結城新右衛門という者を禁錮にして、家中を統制した。禁錮後三年たったころ、宗重は新左衛門の状況をみにたちよったが、新左衛門が暴言をはいたので、宗重はかれを刺殺した。また、青年のころ、禁を犯して射猟したために政宗のいかりにふれ、謝罪のために宮城郡の国分寺にはいった。ところが宗重は、ゆるされて寺を出るさいに、この寺にいた美童を奪ってつれかえったという。かれの豪放さをうかがうことができる。

その反面、かれはよく詩をつくり、また絵画もたくみであった。「宗重図」と書かれた『伊勢物語』の春日野《かすがの》の図は、着色の密画で土佐派の画風を伝え、かれのすぐれた画才を示している。また、子息兵庫らにのこした家訓や遺言などには、家の政治についてのこまごまとした配慮が記され、かれの実直と細心ぶりがうかがわれる。

安芸が、寛文三年（一六六三）のころ、兵部らが実施しようとした伊達家中への臨時課役に反対して、その年の年貢諸役を献納しようとしたことは、さきにふれたとおりである。

伊達式部との谷地紛争にはいるころ、安芸は五十歳をすぎていた。家柄といい実力といい、かれは当時の伊達家中の第一人者であった。その家に対する高い誇りは、かれの豪放の性とあいまって、兵部なにするものぞ、の気持をかれにもたせたことだろう。

紛争のなりゆきいかんによって、安芸と兵部との対決が生じること、目にみえていたといえる。

いっぽう、綱宗の兄にあたる式部もまた、兄の田村右京が独立大名となったのちは、

涌谷伊達（亘理）家系図

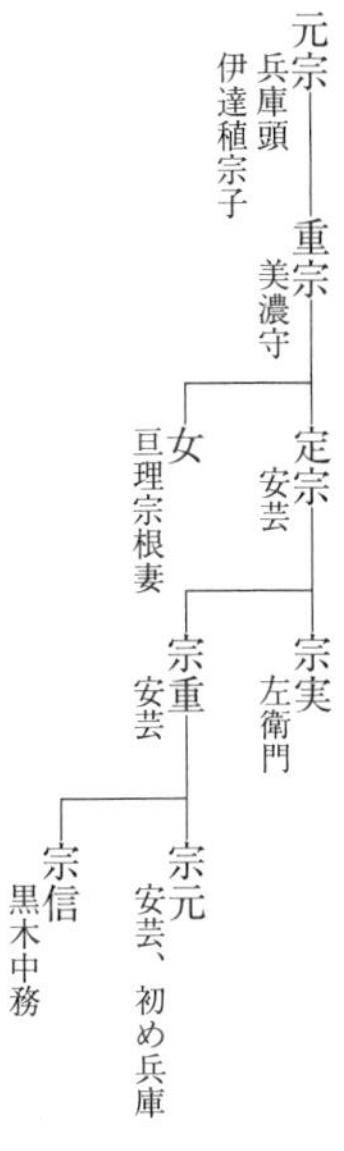

綱宗兄弟中の第一人者として、大きな威勢をもっていた。いずれにせよ、安芸と式部の紛争は、仙台藩にとって大変な事件であった。

桃生・遠田の紛争

寛文七年（一六六七）の秋、桃生郡と遠田郡の境界の谷地について、式部と安芸の間の紛争がおきた。〝桃遠《とうえん》境論〟とよばれる紛争が、ついにおきたのである。

ことのしだいは、つぎのとおりである。

桃生郡深谷の大窪村の西の田に続く谷地一〇町を、式部は藩士若生《わこう》半左衛門という者に与えることにした。そこで、桃生・遠田の郡奉行山崎平太左衛門は、かねての掟《おきて》によって、この谷地開発が隣村の遠田郡二郷《にごう》村の草・かや・用水などの支障にならないかどうかを安芸方に藩の代官を介してたずねさせた。

十一月、安芸から郡奉行に返事があった。

「深谷分になっている旭山《あさひやま》の西の谷地は、もともとみな遠田分なのだ。であるのに、寛永十七年（一六四〇）の検地の以前から、深谷の百姓たちが入りこんで新田をおこしたが、遠田の百姓たちは不覚にしてこれを見逃し、また検地のおりにもそのことを申しあげなかったために、それらは深谷分の田として決定してしまった。すでに検地で深谷分に編入された田については、いまさら問題にするつもりはない。が、その他の谷地の分は、たがいの証拠によって、自分と式部との、両方の家来の相談で、境をきめることにしたい」

翌寛文八年（一六六八）二月、式部はこの安芸の申し出を拒絶した。

「先年の赤生津村谷地をめぐる論争でも、自分にはたしかな証拠があったので、事件は無事にすんだ。いままた、大窪村谷地について、安芸と紛争をおこしたというのでは、時節がら好ましくない。谷地境のことは、郡奉行山崎平太左衛門の判断で決定してもらいたい」

その後のやりとりの結果、三月末になって安芸は、「藩の検使によってはっきりした境をたてよう」という、式部の主張にしたがう腹をきめた。

寛文八年四月、式部はこの問題を家老（奉行）に訴え出た。柴田外記・原田甲斐・古内志摩の三奉行は、秋には幕府からの国目付が下ってくることでもあるから、しばらくのあいだ訴訟を遠慮されたい、とこれを慰留し、式部もそれにしたがった。

が、翌寛文九年（一六八九）二月、国目付が江戸にかえると、式部はふたたび訴えをおこし、つぎのような主旨の口上書《こうじょうがき》を奉行に提出した。

「深谷と遠田の境は、以前からたてられている。問題の谷地については、寛永検地ののちにも緒方《おがた》清兵衛ら数人のものが、すべて深谷方からの手続で新田を拝領している。遠田の百姓たちが、これに異議をとなえなかったのは、元来この谷地が深谷分だったためなのである。不覚、などと申すべきものではなかろう。安芸は、深谷の谷地はすべて遠田分だというが、それでは谷地に境を立てようがないではないか。安芸は望みが多く、そのために、まちがったいい分が多いのだ。自分が安芸の領地を押領して若生半左衛門に与えた、とあっては、武士のつとめがならない。この点は、きっと明確にしなければならぬので吟味してもらいたい。奉行で計らいにくいのならば、兵部・右京両後見に申しでられて、かならず検分をしたうえで境を定めていただきたい」

裁定と谷地配分

奉行からの報告をうけた両後見は、一門石川民部宗弘・伊達弾正宗敏のふたりに仲裁を委任し、是《ぜ》非《ひ》を論ぜず堪忍《かんにん》するよう式部らに申しつけた。が、式部と安芸は、たがいに主張をゆずらなかったので、兵部と右京は幕府申次《もうしつぎ》島田出雲守らに申しで、また立花好雪（飛驒守）にも相談し、ついに内々で酒井雅楽頭忠清にうかがいをたてた。雅楽頭は寛文六年以来、大老となっていた。

そのさいの両後見の意向は、式部の方が理が強い様だから、三分の二を式部とし、仙台への申し渡しには、「安芸は年かさだから堪忍するように」と伝える、というものであった。

裁定はつぎのようにきまった。

――亀千代幼少のおりでもあり、また両人に甲乙があってもいかがであるから、正式の裁判はさしひかえ、双方ともに堪忍して、紛争地の谷地を、安芸は年かさでもあるから三分の一とし残り三分の二を式部につける。

この旨をうけた評定役茂庭主水《もんど》は、寛文九年五月末江戸をたって仙台に下り、奉行柴田外記・古内

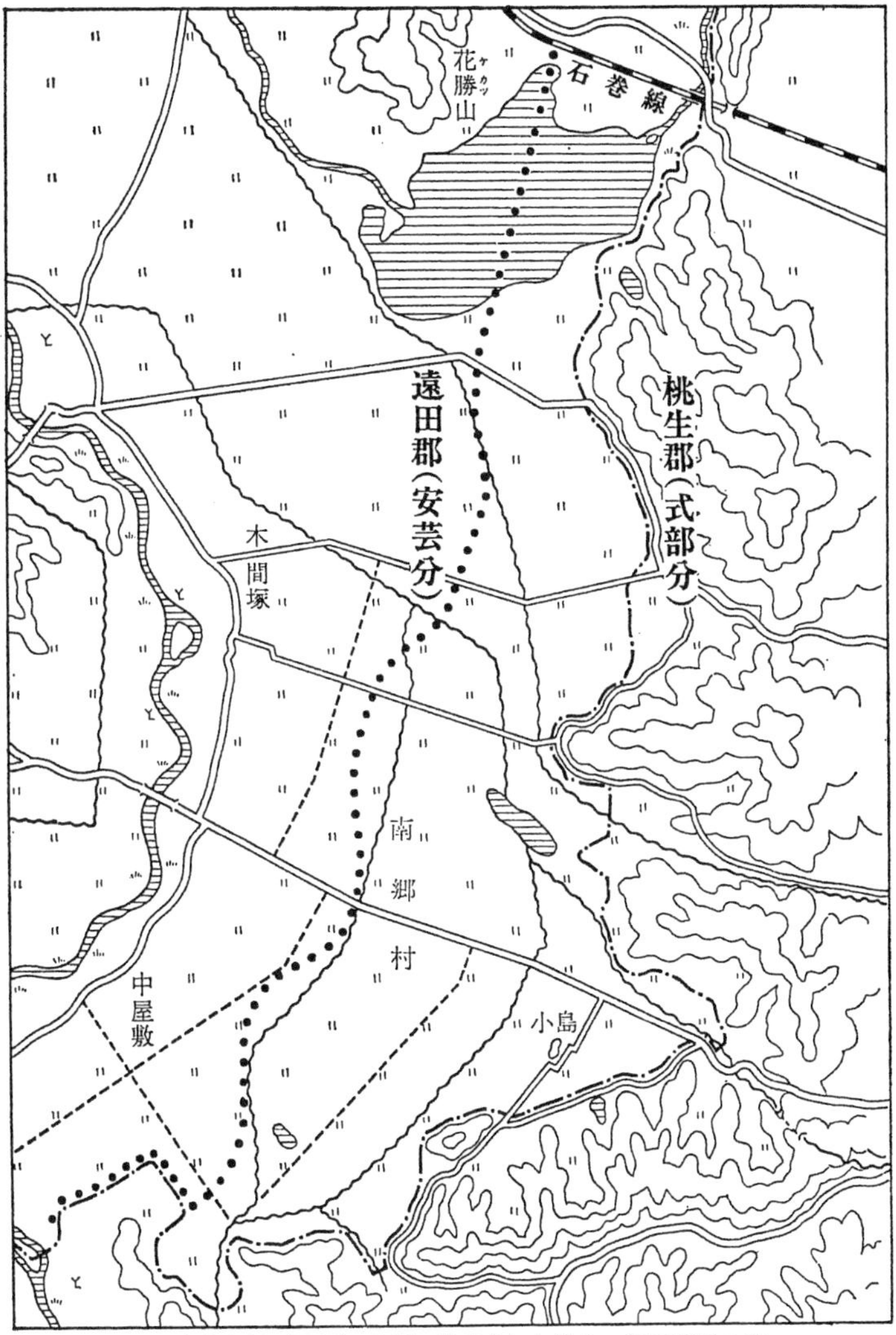

●●●●● 寛文9年（1669）8月に設定された桃生・遠田両郡の境。
―・―・ 元禄11年（1698）11月に変更された両郡の境界。
これが現在の郡界になっている。

志摩とともに、石川民部・伊達弾正をたずね、事情を報告した。

安芸はいったんは拒否したが、六月九日ついにこれを承認した。「殿様御為の儀と仰せ下され候うえは、とかく申しあぐるに及ばず」というのが安芸の論理である。式部もまた裁定に承服した。

茂庭主水は江戸にのぼる道中で、国もとに下向中の兵部にあってこれを報告し、結果は雅楽頭にもつげられた。紛争は、一段落をみたのである。

裁定にしたがって、寛文九年（一六六九）七月、谷地配分の実測が行なわれることになった。谷地わけの検使になったのは、徒《かち》小姓頭浜田市郎兵衛・志賀右衛門と目付今村善太夫・横山弥次右衛門らである。

実測の結果、谷地の総面積一二三三町余、うち三分の一の四一一町を遠田、安芸方につけ、残り三分の二の八二二町を深谷、式部方につけることになった。

ところで、のちに編集された『桃遠境論集』の記事によれば、数字の計算とはちがって、じっさいの谷地わけでは、桃生深谷の百姓のいい分は、まちがったことでもとりあげ、遠田の百姓のいい分は、証拠のあることまでおしかすめて境がたてられたという。

大塚八九、小塚一七三、大小あわせて二六二の境塚がきずかれて、検使が仙台に帰ったのは八月なかばであった。

この過程で絵図が作成され、近村の肝煎《きもいり》たちおよび安芸・式部の家来がこれに調印をした。安芸方の家来須田伊兵衛は、いったんこれを拒否したが、検使たちはむりやりに案紙（ひかえ）を伊兵衛の証文にしたてた。その結果、安芸についた谷地は、四〜五分ノ一にすぎなかったという。

高まる政情不安

式部と安芸の谷地紛争の他方で、伊達家の政情はどのような動きをみせていただろうか。かつて目付として、警察政治に辣腕《らつわん》をふるった渡辺金兵衛は、いまは小姓頭に昇進して、さらに実力をつよめていた。

寛文八年（一六六八）七月に、幕府旗本で、その父が仙台旧臣だったという桑島孫六吉宗は、後見田村右京に、長文の書状を呈して、つぎのように伊達家中の動静を報告している。

「渡辺金兵衛に無二の一味は原田甲斐・評定役津田玄蕃《げんば》（甲斐の義弟）・江戸番頭高泉長門《たかしみずながと》（玄蕃の弟）・小姓頭大町権左衛門・江戸品川家老後藤孫兵衛・出入司鴇田《ときた》次右衛門で、目付では早川淡路《あわじ》である。ただいま立身している者は、みな金兵衛・今村善太夫のひいきであり、衰えた者はかれらと合わない人びとである。金兵衛ら悪人たちは、言いふらしている。〝右京様は仮病《けびょう》をつかって、亀千代様の御用をさけ、自分の保身だけを考えている。兵部様は、老齢病身ながら、床《とこ》のうえでも御用をきき、亀千代様のためには、一命を惜しまれない〟と。仙台で何かとごたごたがおきるのも、悪人たちのしわざと思われる。仙台人の心ばせが、まったく義理を失って、へつらいと邪悪ばかりになってしまったのは、ひとえに兵部様が悪人どもを一味にされる不善によると思う。万事仙台藩の政治は、まず目付衆と金兵衛が十分に内談をし、それを兵部様にしめしあわせた上で、奉行たちに談合して、両後見に申しあげる。兵部様は、とっくに承知のことを、右京様といっしょにはじめて聞くようなふりをしている。このごろは、万事が金兵衛・善太夫ふたりの言うとおりになっている」

さきにふれた寛文九年（一六六九）一月の奉行古内志摩の田村右京あての書状にも、金兵衛が奉行よりも内々は重みをもち、甲斐が金兵衛と合体して威勢が強くなったことが記されていた。桑島孫六の意見書が、かりに事実そのままではないにしても、その傾向を伝えるものであることは確かだろう。

寛文八年三月、古内志摩は、奉行どうしが隔心なく談合をし、また御用の秘密を他にもらさぬことなど五カ条について誓約をしようと提案したが、以前にはこのことに賛成していた甲斐は、その内容がこまかすぎるとの理由で連判に反対した。柴田外記は賛成である。

志摩と甲斐が兵部の意見をきいたところ、兵部は前言をひるがえして、甲斐の修正案に賛成した。結局、この奉行誓紙のことは、実現しないままでおわった。志摩・外記と甲斐との不和をここにみることができる。

志摩の提起した五カ条のなかで、甲斐が削除を主張したのには、「月番《つきばん》次第、諸事を主立《しゆだち》御役人衆の口上覚書をもって申し聞かれ、御用請合《うけあい》申され候様」という箇条があった。そのような甲斐の考えは、係々の役人から直接に事情を聴取してことを決定し実施するという形を否定して、小姓頭・出入司・奉行の三職のうちの奉行の優位をくずし、目付役が関与する余地をさらにひらくことに通じるものではなかったろうか。甲斐が金兵衛・善太夫と結び、同役の志摩や外記と対立したという事実は、否定できないだろう。

両後見の不和は、さきにもふれた通りである。『田村家記録』によれば、田村右京は数度にわたって、兵部の政治について意見をのべたが、兵部はこれを用いなかったらしい。両後見の間の溝は、いよいよ深まっていったのである。

伊達安芸と伊達式部の谷地紛争は、このような不安な仙台藩の政情のなかでひきおこされた。安芸と式部との主張を比較すれば、寛永検地以前の事情を知るよしもないが、少なくとも寛永検地による新田の深谷方への帰属と、またその後にひらかれた新田の深谷方への帰属という事実に基づく限りでは、式部の主張に理があった、といえる。

しかし、なによりのきめ手は、谷地そのものの境であるが、それはたがいに水かけ論の形であった。それについては、またのちにふれよう。

それはともあれ、両後見・三奉行は大老酒井雅楽頭の内示をうけて、内輪にことをすまそうとした。そのこと自体は、当時の幕府と伊達家との関係からみて、妥当な処理のしかたであったといえよう。問題は、その後の谷地配分の実施にあった。そしてその実測配分の不公平をさしずしたのは、検使となった目付役今村善太夫にちがいない。渡辺金兵衛もまた、この件で善太夫と気脈を通じていたかと思われる。なぜ、善太夫らが偏頗《へんぱ》な境だてを行なったかはわからない。

が、おそらくは、綱宗の兄にあたる式部をかれらがおそれたこと、他方、かつて里見十左衛門を支持し、また藩政に批判的な態度をとってきた安芸が、金兵衛・善太夫らにとって悪《にく》むべき存在だったことが、大きな原因であろう。

なお、安芸が寛文三年（一六六三）臨時課役に反対したさいに、かれを支持し同調したのは、一門伊達左兵衛宗規《むねのり》・奉行富塚内蔵丞重信・一族中島伊勢宗信（伊具郡金山二〇〇〇石）の三人だったという。

ことを穏便にすませようとした兵部や甲斐たちが、このような谷地配分の不公正を指示することはありえないと思われる。兵部と甲斐は、藩政の多くについて渡辺金兵衛らとかたく結びながら施政を続けてきた。ただし、この事件だけに限るならば兵部と甲斐は、金兵衛・善太夫の不正を抑えることができなかったという責任だけを問われるべきであろう。

なお、谷地紛争は、安芸と式部の争いが最大のものとなったが、ほかにも寛文七年、桃生深谷の牛網村と矢本村の新田の境の紛争がおき、その結果茂庭大蔵茂基（定元の兄）は番頭《ばんがしら》役を召放し、知行替えのうえ逼塞《ひっそく》に、また郡奉行山崎平太左衛門は郡奉行を召放し、逼塞の処分をうけている。その検使は、浜田市郎兵衛・今村善太夫らであった。

桃生・遠田両郡の境の紛争が裁定されたその年、寛文九年の十二月九日、十一歳の亀千代は元服し、歴代の通称にしたがって総次郎と名のった。

辰の刻（午前八時）、後見伊達兵部・田村右京および兵部の子伊達東市正《いちのかみ》宗興、宇和島藩主伊達遠江守宗利を同伴して江戸城に登った総次郎は、大老井伊掃部頭直澄・酒井雅楽頭および老中ら列座のもとに、黒書院で将軍徳川家綱に拝謁し、綱の一字を賜わって綱基（のち綱村）と称し、従四位下に叙し、左近衛権少将兼陸奥守に任じられた。そのおちついた立居ふるまいに、将軍も感心したという。

亀千代が二歳で家督を相続してから、足かけ一〇年の歳月が流れ、伊達家はともかくも無事にこの期間をすごしてきたのである。

けれども、伊達家中の政情不安は急速につのりつつあった。

品川で一〇年の隠退生活を送り、この年三十歳になっていた父綱宗の心境は、複雑だったにちがいない。

伊達安芸、幕府に訴える

安芸の提訴

寛文十年（一六七〇）の正月十二日、伊達安芸の家中長谷杢之丞《はせもくのじょう》以下一〇人は、連署の起請文《きしょうもん》にそれぞれ血判をおした。

「此度《このたび》、御隠密に仰せ聞けらるる儀、他言仕《つかまつ》り申す間敷く候、若《も》し他言仕るに於《おい》ては、氏神愛宕《あたご》明神之御罰を蒙《こうむ》る可《べ》き者也」

前年の谷地配分の不公平を藩に訴える決意、ばあいによっては幕府にも訴える決意を、安芸が杢之丞らにうちあけ、杢之丞らはその秘密をもらさぬことを氏神愛宕権現に誓ったのである。

前年の秋以来、仙台に滞在していた国目付が一月二十二日江戸に去ると、二十五日、これをまちかねていたように、安芸は奉行柴田外記・原田甲斐・古内志摩に申しでた。

——去年八月、遠田郡二郷《にごう》村の谷地わけ処方のさいに、志賀右衛門・今村善太夫ら四人が、検分の絵図に調印するよう、安芸方の代官に申しつけた。その者は安芸の指図をうけてからにしたいといったのに、右衛門らは無理に、案文（ひかえ）によってその者から判形《はんぎょう》をさせてしまった。したがって、

伊達式部の花押

あの判形は無効である。この代官を切腹させようと思ったが、証人がなくなってはと、押しこめにしてある。殿様（綱基）が成長し、直接に政治をみられるようになったあかつきに、政宗様・忠宗様の黒印状その他の証文を提出し、四人の検使の谷地わけの不正を明らかにして、先祖代々から押領をしなかったことを、ぜひ申し晴らしたい覚悟なので、絵図と土地配分証文に調印をさせなかったのである。このことは、去年申しでようと思ったが、幕府目付の下向があったので遠慮し、ただいま申しでるのである。以後のために両後見に申したておかれたい。――

これに対して、二月十三日、国詰の奉行原田甲斐と古内志摩の連署で、つぎのような返事が、安芸あてに出された。

「お申しでの旨であるが、委細はすでに去年、両後見に申しあげて事がすんでいるのに、それをまた、殿様御成長の上で訴えなさるのでは、殿様の御為にも至ってよろしくないと存ずる。少々の不足は、どうか勘忍されるべきだと考える。したがって、御提出の覚書は、両後見へ取りつがず、お返しする」

甲斐たちがこの返書をかいた日から三日まえの二月四日、伊達式部宗倫が死んだ。大槻文彦は、式部が安芸とはかって、藩の悪政を幕府の裁判にかけるために谷地論をおこしたが、悪人らの盛った毒が原因で死んだ、という伝えをかかげ、これに対して、式部が渡辺金兵衛・今村善太夫および兵部と連絡していたことをあげて否定している。もちろん、式部が安芸と共謀したことは考えられない。ともあれ、綱宗の兄として威勢をふるい、かれに対して奉行以下「頭ヲ上ル者一人モナシ」といわれた式部は、三十一歳の生涯をおわったのである。

安芸がこの時点で問題にしたのは、本来の式部との谷地紛争そのものはともかくとして、谷地紛争裁定にもとづいて行なわれた検使たちの谷地配分実施の不公正にあった。したがって、安芸の訴えは、式部の死去とはかかわりなく続けられる。

三月二十二日、奉行の態度に業《ごう》をにやした安芸は、ついに江戸の伊達兵部・田村右京両後見に訴状を提出した。

「奉行衆は、谷地わけのことは去年落着したという。が、絵図面に調印しない以上は、ことがすんだことにはならない。無理に判形をさせたのは、ことのすんだ証拠とならぬはずである。また、毎年下向する幕府目付が持参する将軍家黒印状にも、家臣および領内について政治は前々の通りにせよ、とあるのに反して、桃生・遠田に新規の郡境をたてるのは、政法にはずれたことと思い、絵図証文に判形をしなかったのである。

寛文五年の登米郡赤生津村と遠田郡小里村の谷地紛争については、小里村にたしかな証文などを持ってはいたが、殿様御幼少のおりから遠慮をして、式部の勝手次第に内々にすませた。二郷谷地の紛争についても、そのように考えて式部に申し入れたが、式部は承知せずに奉行に訴えた。しかも式部は、先年の赤生津谷地の紛争は式部方にたしかな証拠があったので、内々でことがすんだ、と申しでた。自分が穏便にすませたのを、逆に非分だったように報告されたわけで、迷惑に存じている。去年の谷地わけ検分のさい、自分が先祖の代から深谷《ふかや》谷地を押領していたかのように申しかけられた。この点は、申し晴らす覚悟である。

四人の検分衆の谷地わけは、まことに偏頗《へんぱ》である。ことに今村善太夫と横山弥次右衛門は、目付役として諸人の曲直をあらためるべき役目にも似あわしくない不義の至りで、政治の害になろう。殿様のためによろしくないと思うので、せんさくを仰せつけられたい。右のような次第だから、御返答によって、自分は江戸にのぼって意趣を申しあげたいと思う」

このような長文の口上之覚《こうじょうのおぼえ》を提出した安芸は、兵部・右京からの正式の答書がないままに、その後、五月・六月・八月、さらに九月と、かさねて同じような趣旨の書状を送って、両後見の返答を催促した。

安芸の出府

「伊達騒動」の大詰の年となった寛文十一年（一六七一）の二月二日、伊達安芸は、持病になやむ五十七歳の老体をおして、涌谷《わくや》を出発した。亘理《わたり》蔵人《くらんど》・村田勘右衛門以下二五〇人をこえる安芸の家来たちがこれにしたがった。

前年の暮、幕府申次衆《もうしつぎしゅう》から、二月下旬に江戸に上着《じょうちゃく》せよ、との召喚状が到着したからである。安芸の訴訟は、ついに幕府に聞きとどけられることになったのである。

幕府が安芸の訴訟をとりあげることを決定するまでには、つぎのような経緯《いきさつ》があった。

前年の寛文十年（一六七〇）、数度にわたる安芸の訴えをうけた伊達兵部と田村右京は、これを幕府申次衆に相談した。その結果、安芸の強固な訴えの意志をひるがえさせるため、両後見ではなしに、さきの裁定にも関与した申次衆から、安芸を説諭することとなった。

大老酒井雅楽頭に通したうえで整えられた申次島田出雲守・妻木彦右衛門・大井新右衛門の十月八日付の連署状を持った評定役茂庭主水《もんど》は、十月下旬仙台に下着し、涌谷から上仙した安芸を片倉小十郎とともにたずねた。が、安芸はその説諭に承服せず、十一月三日付で申次衆あての訴状をあらためて作成して、これを主水と小十郎に渡した。

その内容は、谷地わけ実施のさいの志賀右衛門・今村善太夫らの不公平に対する調査をきっと行なうことを願い、紛争以後谷地わけ実施までの経過をのべたものである。

涌谷に帰った安芸は、十一月七日、仙台に下向中の国目付内藤新五郎・牧野数馬《かずま》あてに書状を送ったが、両目付の馳走人《ちそうにん》（世話係）として仙台藩からつけられていた松坂甚左衛門・多谷《たがや》市左衛門がこの書状を押えて、奉行柴田外記・古内志摩に示した。外記らは主水・小十郎ふたりに相談したのち、その書状を涌谷へ送り返した。

十三日、安芸はふたたび両目付へ書状を出し、それはまた馳走人の手で主水らに報告された。安芸の決意のまげられないことを察した主水・小十郎・外記・志摩の四人は、十四日の夜、ついにこの書状を馳走人から両目付に差しださせた。
幕府中次衆に訴えるという内輪《うちわ》のかたちが、いま幕府目付に正式に申しいれられるという表むきのものに変更されたわけである。すでに大老・老中が事情をしっているのだから、実質的には変わりないかのようにみえるが、目付衆に通すことによって、事態はのっぴきならないものへと変化することになるのである。

翌十五日、両目付は「陸奥守様（綱基のち綱村）のために宜しきように思案されるよう」という、比較的手短な返書を安芸に送った。

これに対して安芸はつぎのような主旨の書面を提出した。

「当陸奥守の代になって、兵部はかってに奉行たちを退けるので、四民ともに安堵することがない。悪人どもが兵部を助成して、いま奉行三人をそれぞれわけへだてをして召し使っている。政宗・忠宗の代とはうってかわり、綱基（綱村）の代になってからは、譜代歴々の者が毎年多数処罪されている。これは渡辺金兵衛・今村善太夫という悪人が兵部にとりいっているためである。伊達家存亡のいま、兵部の心を改め、家中《かちゅう》が安堵できるようにお願いする」

二十日、両目付は、その書面を受理するという返事を涌谷に送った。

勢いをえた安芸は、茂庭主水に対して、さきに託した幕府中次衆あての訴状を早く江戸に届けるよう強く催促した。主水は、いったん訴状を安芸に返却することを考えたが、その後、中次からの指示をうけ、これを持って江戸にのぼった。安芸もまた、十二月七日の書状を家来の亘理蔵人を使いとして、江戸の申次衆に直接送った。

こうして、十二月二十三日、申次衆は「来年二月下旬、上着《じょうちゃく》候様に、そこ元《もと》御発足、然《しか》るべく候」という召喚の書状を出すことになった。その使者は、寛文十年十二月晦日《みそか》に涌谷に到着したのであった。

安芸の決意

江戸への出発を数日後にひかえた寛文十一年一月二十九日、安芸は歴代の菩提寺である涌谷同円寺《どうえんじ》（のち見竜寺）の住職石水《せきすい》に願って法名をあたえられた。見竜院徳翁収沢居士《けんりゅういんとくおうしゅうたくこじ》。安芸のまさに決死の覚悟をみることができる。

故古内主膳重安の弟にあたる古内造酒祐《みきのすけ》重直は、前年十一月のころいっている。「谷地わけ問題については、たぶん安芸殿の勝訴になろうかと思われる。なお、安芸殿父子は、このたびのことでは、さだめて自分は処罪されるだろう、その覚悟はしているから、なんの心配もない、と思いきっていられる」

出発当日の二月二日、安芸の長男兵庫（のち安芸）宗元と次男黒木中務《なかつかさ》宗信（一家、一五〇〇石）は、安芸に随行する亘理蔵人らに、つぎのような連署状をあたえた。

――このたびの江戸登りは、殿様（綱基）の御ためを第一に考えてのことだから、その点は万事遠慮されぬよう申しあげよ。江戸屋敷方でかねて親しい人びとにも、書きものなどをあまりに見せなさらぬように申しあげよ。江戸で奉行衆に細《こま》かな指図を一々うけないように申しあげよ。安芸の了簡《りようけん》が悪くなったばあい、強く諫《いさ》めること。たとい立腹して処罪されようとも、いまこそ忠義をつくすべきときである。道中、江戸滞在中とも、簡略にしないように申しあげよ。めでたく帰還の上は、たくさんに借金をしても、少しもさしつかえない。めでたくことがすみ、万一御国（仙台藩）の政治に加わるように幕府から仰せわたされても、つよく辞退されるよう申しあげよ。——

家来たちに、安芸を補佐してこのように注意することを、命じたのである。それは、安芸出立後の涌谷を留守する兵庫たちの願いであった。それはまた、安芸の堅い決意でもあったにちがいないが、ここに子息兵庫の強い主導性をうかがうことができよう。

二月十三日、安芸は江戸に到着して、麻布屋敷にはいった。これに少しさきだって、奉行柴田外記も江戸に到着した。安芸の江戸到着にさいしては、伊達兵部・田村隠岐（寛文十年十二月右京を改める）両後見から老中稲葉美濃守へ、安芸が時節がら不似合な二五〇人以上もの家来をひきつれて江戸入りしようとすることについての、うかがいがたてられたが、美濃守の指示の結果、無事江戸にはいることになったという一幕があった。

ふたつの綱宗書状

其方《そのほう》、今度の上府、心遣《づかい》の苦労、別して大儀《たいぎ》である。陸奥守（綱基）のためを思っての幕府へ言上の覚悟をしり、満悦これにすぎるものはない。万端よろしく頼みたい。何とか其方の勝訴とさせたい、それのみを願っている。当地においての、兵部・甲斐その他一味の役人どもの悪行を心得のため、委細を別紙に記しておく。

二月十三日　　綱宗

伊達安芸殿

其方、近日上府のよしをきいた。何様の思慮があってまかり登ったのか、心得がたい。其方は先《せん》達《だつて》も、幕府に訴状などを提出したよしきいている。今度は、国許《くにもと》も随分静謐《せいひつ》だと聞いており、ことに陸奥守もめでたく成長の時節に、訴訟などの心懸《こころがけ》は、陸奥守のためにならぬ。かようにことを好むのは、其方の身分に不似合で、不届《ふとどき》千万である。こちらから幕府老中へそのことを申しあげるから、早速帰国せよ。

二月十三日　　綱宗

伊達安芸殿

『伊達四代記』という本は、このように寛文十一年二月十三日付の二通の書状をかかげている。同じ日に、おなじ綱宗が、おなじ安芸に出した手紙が、まったく反対の内容である以上、少なくともそのどちらかは偽文書《ぎもんじょ》にちがいない。

『四代記』は、安芸の江戸登りをほめた前のほうを真とし、後のほうを偽とし、その後の書状は、兵部・甲斐・金兵衛がひそかに、前のほうの書状を内見して、その文体を書きかえ、にせ書状を安芸にとどけたものである、と注釈している。『家蔵記』もまた、同様のことをのべている。

大槻文彦は『寛文始末材料』のなかにも、後のほうとほとんど同趣旨ながら、多少表現のちがう書状があることを指摘したうえで、「同一ノ書ニ、二様ノ文面アルベキ筈《はず》ナク、二様アルハ、即《すなわ》チ偽作ノ証ナリ」と記し、その字句表現からみても、後の書状と、第三の『寛文始末材料』の書状とは、ともに偽文書であると断定した。

ただし大槻氏がこの二通を偽文書だというのは、〝これらが兵部・甲斐らによってつくられたにせ手紙だ〟という『四代記』『家蔵記』などの説を否定するものである。氏によれば、兵部・甲斐が綱宗のにせ手紙を作ったという事実は認められず、第二・第三の書状は、後世になってから偽作されたものだ、というのである。

他方、大槻博士は、前の第一の書状に対しては、まったく批判をくわえず、暗にこれを肯定している。

はたして、第一の綱宗書状は確かなものだろうか。これらの書状は『家蔵記』『四代記』という編纂物にのっているだけで、書状そのものとしては現存しない。がんらい『家蔵記』『四代記』は、必ずしも信用のおける書物ではない。したがって、これらの書状、とくに第一の書状の確かさ、信憑《しんぴょう》性《せい》をこの書状そのものによって確認することは困難である。むしろ、このように重要な文書が、涌谷伊達家に保存されなかったことが、まず疑問となろう。

また、二月十四日付で安芸が国もとの長男兵庫に送った詳細な書状も、十三日の綱宗書状のことには、まったくふれられていない。おそらく第一の書状もまた、後世になってから作りあげられたものではなかろうか。そしてむしろ、第一の書状の偽作の可能性のほうが、第二・第三のそれよりも強いように思われるのである。

なお、第三の書状は、大槻博士の注に『寛文始末材料』所収となっている。『寛文始末材料』とは、さきにふれたいわゆる「黒箱」の文書に対して、博士がつけた名称である。けれども、現在「黒箱」には、このような書状は収められていない。もともと「黒箱」は、「刃傷」の三月二十七日以後の事件関係文書を収めたものだから、それが見当たらないのは、必ずしも散逸したためではないと思われる。あるいは、博士の注記の誤りであろうか。

陸奥守と安芸

このようなわけで隠居中の綱宗が、安芸の上訴について、どのような考えをもっていたかは、確認することができない。

が、伊達家の当主、十三歳の陸奥守綱基（のち綱村）は、安芸のこの行動を明らかに憎んでいた。出入司《しゅつにゅうつかさ》田村図書《ずしょ》は、後見田村隠岐守（もと右京）の家老北郷隼人《きたごうはやと》あての書状のなかで、綱基が「あき殿は大よく深き仁《じん》にてと、十五日前より、度々御意《ぎょい》なされ候」と報告している。ただし、それには説明がつく。懐守役《だきもりやく》の富田二左衛門が、だれがそのようなことを申しあげたかとたずねたところ、綱基は「兵部殿」と答えたという。

二月十三日江戸に到着した安芸は、綱基への謁見を兵部・甲斐らによっておさえられたのはもちろん、さらに麻布屋敷からの自由な外出と人の出入までも「めしうど」（囚人）のように禁止された。のち老中稲葉美濃守の指示でそれは自由となったが、伊達家中での安芸の立場が苦しいものだったことはいうまでもない。毒殺計画の有無は別として、かれが毒殺に対する配慮をしていたことだけは、少なくとも確実である。

二月十四日付の兵庫あて書状のおわりのところで、安芸はいっている。

「食事について、油断をするなとのことだが、それについては、田村右京殿（隠岐）も危険だと考え、近ごろは病気と称して殿様の御屋敷へは伺候しない。御用でおいでのときには、お茶も飲まないよしである。自分が殿様から謁見を許されないのは、そのような危険をさけられるわけで、半面では幸いなことでもある。膳番衆と渡辺金兵衛らが、ひそかにはかっていると皆が申している」

この書状は確かなものとみてよい、と思われるのである。

刃傷

安芸の猛運動

幕府への訴えと並行して、伊達安芸は各方面への運動を開始した。

寛文十年（一六七〇）十一月ごろ、安芸はすでに菩提寺同円寺の石水和尚を介して、老中板倉内膳正に運動している。当時、石水は江戸にのぼっていた。おそらく、安芸が派遣したものであろう。石水は、もともと幕府旗本の家の生まれで、内膳正と知りあいであった。内膳正が、家老の池田新兵衛を介して、さきに伊東七十郎から伊達家の内情をきき知っていたことは、すでにふれたとおりである。伊達兵部の一派と近い関係にある大老酒井雅楽頭に対して、安芸は板倉内膳正に近づくことを考えたのである。

おなじころ、安芸は、仙台伊達家の分家にあたる宇和島七万石の伊達遠江守《とうとうみのかみ》宗利とも連絡をとり、十二月には遠江守のもとに使者を派遣して、訴訟の趣旨をのべ、関係書類を伝えた。宗利は、政宗の庶長子から宇和島十万石の藩祖となった遠江守秀宗の子である。父から七万石の封をうけ、弟宮内《くない》少輔《しょうゆう》宗純《むねずみ》は三万石をわけられていた。

伊達式部の花押

さらに安芸は、老中稲葉美濃守にもはたらきかけた。一門、水沢一五三〇石の伊達上野宗景は、安芸の妹を母としており、安芸にとっては甥《おい》に当たる。かれの妻は、旗本松平隼人正《はやとのかみ》忠久の娘である。安芸は上野を介して松平隼人正に近づき、隼人正によって稲葉美濃守に訴えの趣旨と自分の意志を伝えた。寛文十一年の一〜二月のころには隼人正は、安芸および柴田外記の願いをうけて、美濃守にそれを伝達していたもようである。

当時、後見伊達兵部・奉行原田甲斐・小姓頭渡辺金兵衛は、そろって江戸にいた。江戸の伊達家中は、かれらの手でかためられ、安芸の立場は苦しかった。

けれども、綱宗の弟、一門岩谷堂三二〇〇石の伊達左兵衛が、寛文十年の十二月に田村右京（隠岐）に出した書状には、

「仙台侍中は、事外《ことのほか》、芸州《(安芸)》此度之仰せ達せられ候をほめ申候て、陸奥守様御為と仰せ上げられ候儀、十分のよし申候」

と書かれている。国もと仙台では、安芸を支持する人びとが少なくなかったことが知られる。

事実、兵部以下の非政を訴えたのは、安芸ひとりではなかった。一月十日には、かつての独裁者奥山大学が、幕府仙台目付に領内政治の不正を訴えていた。

また一月二十日、屋代《やしろ》五郎左衛門と木幡《こはた》源七郎が、早川八左衛門・飯淵三郎右衛門・大河内三郎右衛門をさそって連署の訴状を作り、仙台領はずれの伊達郡桑折《こおり》宿で幕府目付に提出した。早川と屋代

は、三〇〇石程度の中級藩士であるが、以前から安芸と交際があった。五人の直訴《じきそ》は、明らかに安芸との連絡のもとに実行されたものであろう。が、かれらの行動が、たんに安芸の利害とだけ結んでのことはなく、兵部らに対する伊達家中の大きな不満に支えられたものだったことも、またそれ以上に確かである。

兵部・甲斐・金兵衛の党と、これに対する田村隠岐（右京）・安芸・奉行柴田外記・出入司田村図書らの派との矛盾対立は、この時点で最大となった。

柴田外記は、この年一月二十五日、幕府の召喚をうけて仙台をたったが、途中柴田郡槻木《つきのき》宿から子息中務《なかつかさ》宗意《むねもと》に書を送って、後事を託した。その文面には、決死の覚悟があらわれている。外記は、安芸とともに松平隼人正に運動するなど、積極的に安芸方として行動した。

また、田村隠岐守も稲葉美濃守と書状を往復して、情報を交換している。三月二十二日の隠岐の書状は、

「甲斐は、つねづね問題の多い人間で、このたびのことについては、方々とりつくろっているという風聞がある」

とのべ、これに対する美濃守の返事には、

「甲斐の申すのは油断ができないとのこと、もっともである。自分なども、まったくがてんがまいらぬ」

と記されている。

涌谷にいたころから、すでに各方面に行なわれていた安芸の運動が、江戸にのぼったのち、さらに積極的なものになったことは、容易に想像ができる。子息兵庫が注意したように、安芸はその運動についても「簡略」にせず、相当の費用をかけたものと思われる。

こうして、事態は、少しずつ安芸に有利になっていった。二月二十日、田村図書が隠岐の家老北郷隼人にあてた書状は、「兵部様悪人、其かくれなく候まま、此度《このたび》らち明き申すべしと、人々申候由《よし》」とのべている。兵部らの処分が人びとのうわさになっているというのである。

しかし、おなじ書状にはまた、谷地配分の四人の検使は成敗、また無理に訴訟をした安芸は押籠《おしこめ》、奉行衆は免職、両後見にも処分があろう、という消息すじの話が伝えられている。二月十七日の兵庫あての安芸書状にも、両後見は隠居、谷地検使は島流しか逼塞または改易で、切腹にはなるまい、と書かれている。

正式の審問が開始される以前の二月二十日ころの情況は、このようなものであった。

なお、田村隠岐守（右京）の家老平田縫殿と原田茂兵衛の書状には、すでに一月のころに、将軍補佐、会津二十三万石の主保科《ほしな》肥後守正之が、「兵部の不行跡はかくれもないところで、三年前にも処分を仰せつけるべきところだったが、政宗の子息であるためにゆるされたことがある。このたびの安芸の訴訟は陸奥守殿のためにはよいことだ」と語ったことが記されている。

審問はじまる

二月十六日、幕府申次衆大井新右衛門・島田出雲守・妻木彦右衛門は、新右衛門の邸に安芸を召喚して事情を聴取し、藩政に関する覚書を老中に提出するように命ずるいっぽう、志賀右衛門・今村善太夫ら四人の谷地配分検使からも事情を聴取した。

二月二十七日、安芸はさきの指示にしたがって老中への覚書『口上之覚』を申次衆に提出した。席上、大井新右衛門から、谷地検使の作成した絵図が提示され、誤りの有無がたずねられたのに対し、安芸は、その絵図ははなはだしく相違している、とのべただけで谷地配分問題にはふれず、覚書の老中提出方を強く要請した。

覚書を一読した新右衛門はこれを抑えようとしたが、結局は島田出雲守の発言によって、老中方への差出しが決定した。新右衛門は兵部方をひいきし、出雲守は安芸に好意をもっていたのである。

二十八日、『口上之覚』は申次衆から大老酒井雅楽頭、老中稲葉美濃守・土屋但馬守《たじまのかみ》・板倉内膳正に提出された。その内容は八カ条――

里見十左衛門の諫言をにくみ、その病死後は跡目相続を許さぬこと。

兵部が悪人渡辺金兵衛・今村善太夫をもちいて、三人の奉行のうちをわけへだてし、谷地紛争の検使の私曲に対する訴えを抑えようとしたが、自分は陸奥守のためを第一と考えて幕府に申しあげた。谷地配分検使の不正はかれらを取調べられれば明らかであるから、ここでは申しあげないこと。

伊藤（伊東一族）の処刑のこと。

小梁川市左衛門の逼塞のこと。

茂庭大蔵・山崎平太左衛門の処分のこと。

石田将監《しょうげん》・長沼善兵衛の処分のこと。

兵部が家老（奉行）のうちをわけへだてするので、奉行らが一致するため起請文《きしょうもん》を作ろうとしたところが、私心のある者（甲斐）がこれに同意しなかったこと。

大坂の陣がおさまった元和元年（一六一五）以来、政宗・忠宗の二代に――元和元年から忠宗死去の万治元年までは四三年間――知行百貫文（千石）以上の者で処罪されたのは五、六人であったのに、当陸奥守（綱基）になってからの一〇年余りの間に、百貫文以上六、七人、そのほか譜代歴々で役目のある者で一〇〇人以上の者が斬罪・切腹以下の刑に処せられたこと。

というのがそれである。

そしてこの覚書の最後は、

「陸奥守の成長にしたがって、政宗・忠宗の代の立派な政治を守らせたいと思うのに、幼少の節にこのように毎年大勢の処分者が出るのでは、家中が安堵できない。どうか政治を正しくしたいと思い、願いをもって申しあげる」

と結ばれている。

谷地配分のことから、問題は一転して、兵部らによる仙台藩の警察政治、藩政全般へと拡大されたのである。

老中がこの覚書を受理してから数日後の三月二日、安芸は国もとの子息兵庫あての書状のなかでいっている。

「訴訟についての覚悟はかたまっている。が、殿様の御為だから堪忍せよといわれるのに、自分の考え通りに申しあげては、御為に悪くはならぬか、このことだけが心配である」

安芸のこの訴えにもとづく審問は、三月にはいって開始された。

三月四日、月番の板倉内膳正の屋敷で、内膳正・土屋但馬守が安芸を審問した。人払いのこの席で、安芸は年来の考えを十分に申しのべた。このときの『口談覚書』では、さきの『口上之覚』がさらに詳細に記され、その末尾には一二〇人にのぼる『仙台罪人の書付』が付されている。

そのあとで国許に送った書状のなかで、安芸は、「本望の至」とのべ、首尾よく帰って御礼をのべたいと記し、追って書では、自分はどのような罪におちようとも、名は残るだろう、大慶である、といっている。

『家蔵記』は、この審問後に内膳正が、「安芸ほどの侍は、世に有るまじ」とほめた、と記している。田辺実明は、『先代萩の真相』で、これは安芸ほど思慮のない者は世に珍しい、という意味だとのべた。さきにふれた兵庫あて書状にも示されていた、陸奥守の為を心配する安芸の気持は、当然内膳正にも察せられたはずである。田辺氏の解釈は、無理といわざるをえない。

三月七日には、板倉邸で内膳正・但馬守による、柴田外記と原田甲斐に対する審問が行なわれた。外記と甲斐は別々に取り調べをうけたが、甲斐の答えは外記とくい違い、答えにつまることもあったという。

この日、外記は品川屋敷の家老後藤大隅《おおすみ》（もと孫兵衛）あてに、「幕府が伊達家の末代までの安泰を考慮しているという心証をえた」と書き送って、綱宗への報告を願った。

その後、原田甲斐は義弟の若年寄津田玄蕃・小姓頭渡辺金兵衛・目付今村善太夫らと連判の覚書を作って、十四日老中に提出されるようにと申次衆に申しでたが、申次はこれを受理しなかった。甲斐はこれを直接内膳正に提出し、内膳正はいったん受けとったが、十九日になってこれを返した。この日板倉邸からもどった甲斐は、きわめて不機嫌だった、と安芸の書状にはみえている。

そのころ、小姓頭渡辺金兵衛の江戸番が明けたが、兵部は金兵衛の国もとへの下向をおさえ、独断で江戸にひきとめた。後見田村隠岐守（右京）と兵部との反目は、この一件によって、さらに強められた。

三月二十一日、奉行古内志摩が幕府の召喚をうけて、国もとから江戸にのぼってきた。

翌二十二日、板倉邸で内膳正・但馬守による志摩に対する審問が行なわれた。志摩の答えもまた、外記とおなじであった。

翌二十三日、志摩は田村隠岐守への返書で、老中が「御家御大切」のことを再三くちにしたことをのべている。

おなじ日、安芸が兵庫にあてた書状にも、将軍補佐保科正之が、兵部のことはもうきまった、と話したことが記されている。

安芸の工作は、伊達家の内外ともにほぼ成功し、兵部・甲斐・金兵衛のラインは、伊達家中でもまた、ようやく孤立する傾向があらわれてきたとみられる。

三月二十六日、安芸は国もとの子息伊達兵庫・黒木中務のふたりに書状をかいた。

——古内志摩も無事に審問をおわった。近日中に裁決があるとのうわさもある。老中稲葉美濃守殿が四月一日に日光に出かけるので、その前になるか、でなければ五月まで延期だろうとのことだ。早く決着をつけたいものだ。一昨日、両後見をいっしょに板倉邸に召喚するという指令を、内膳正から甲斐がうけたまわって田村隠岐守（右京）に伝達があった。隠岐は、外記・志摩がしらず甲斐だけがうけたまわった召喚指令には応じられないと、申次島田出雲守を通じてことわった。その後のことはまだわからぬ。委細は追って伝えるから、隠密《おんみつ》にするように。そちらののりを出家衆《しゅっけ》に贈りたいので、二、三十帖ほど送るように。わかめ・さんしょうのかわも少し送れ。そちらののりのようによいものは江戸にはない、気仙《けせん》・元良《もとよし》ものはよい、との評判である。前にもいってあるように、涌谷の城めぐりは垣・堀とも、少しも手を入れたりせぬように。——

判決の近いことをつげた安芸の書状は、その絶筆となったのである。なお、三月十四日の兵庫あての書状でも、安芸は涌谷の城めぐりや安芸の屋敷めぐりの垣などの修築は、甲斐の訴えのたねになりかねないから、さしひかえるように、と記している。

甲斐、刃傷

寛文十一年（一六七一）三月二十七日、伊達安芸・柴田外記・原田甲斐・古内志摩の四人は、聞番《ききばん》（取りつぎ役）蜂屋六左衛門可広《よしひろ》を案内として、召喚にしたがって、四ツ半時《とき》（午前十一時）ころ板倉邸に参候した。

正午ころになって、大老酒井雅楽頭の屋敷から、老中は酒井邸におられるから、こちらに移るように、との指示があったので、安芸以下は酒井邸に移った。

酒井邸の書院には、大老酒井雅楽頭・老中稲葉美濃守・久世大和守・土屋但馬守・板倉内膳正が列座し、申次衆島田出雲守・大井新右衛門・大目付大岡佐渡守・目付宮崎助右衛門がひかえた。安芸・外記・甲斐・志摩は、ひとりずつ順に呼びだされて尋問されたのち、またくりかえして、おなじ順にひとりずつ尋問をうけることになった。

安芸は表座敷の障子《しょうじ》のそとの縁通《えんどお》りにひかえ、外記・甲斐・志摩は表座敷にひかえた。六左衛門がいたのは、これからひと間《ま》へだてた使者之間である。

尋問では、外記・志摩の答えは安芸の主張と一致したのに反し、甲斐は答えに窮する体《てい》であったという。

二度目のよびだしをうけて立ったとき、甲斐は通りがけに脇指《わきざし》で安芸にふた太刀《たち》きりつけた。深手《ふかで》をおった安芸は、ようやく脇指をぬいただけで、息がたえた。外記と志摩は甲斐を追って、上《かみ》の間できり結び、外記と甲斐はたがいにひと太刀ずつ傷をおった。そこへ立ちもどった島田出雲守が、甲斐をふた太刀きった。その後、蜂屋六左衛門と雅楽頭の家来が、大勢で甲斐を討ちとった。外記もその夜死んだ。六左衛門も傷をうけたが、ようやく一命をとりとめた。志摩は無事であった。

甲斐刃傷についてのこの記事は、翌二十八日、古内志摩が同族の古内造酒祐《みきのすけ》と同源太郎にあてた書状によるものである。刃傷の目撃者が翌日に書いたものとして、まず信用すべき史料であろう。

伊達家中の医師で、このとき外記の脈をみた福井玄亭《ふくいげんこう》が三月二十七日に柴田外記の子中務にあてた手紙には、甲斐の尋問がおわって、「志摩、口を御聞成され候節」に甲斐が安芸をうしろからふた太刀きった、と記されている。

これに対して、酒井家中のいうところは、少し違っている。太田伊兵衛という者の四月二日の書状には、尋問がおわったのちの出来ごとのように書かれており、寛文十二年三月七日の石田弥右衛門の覚書にはつぎのようにある。

午の下刻（午後一時）に尋問がおわり老中が退出したのち、出雲守・新右衛門が安芸ら四人にむかって、別に申しあげることはないか、とたずねた。甲斐が申しあげたい旨があるといった。出雲守は、

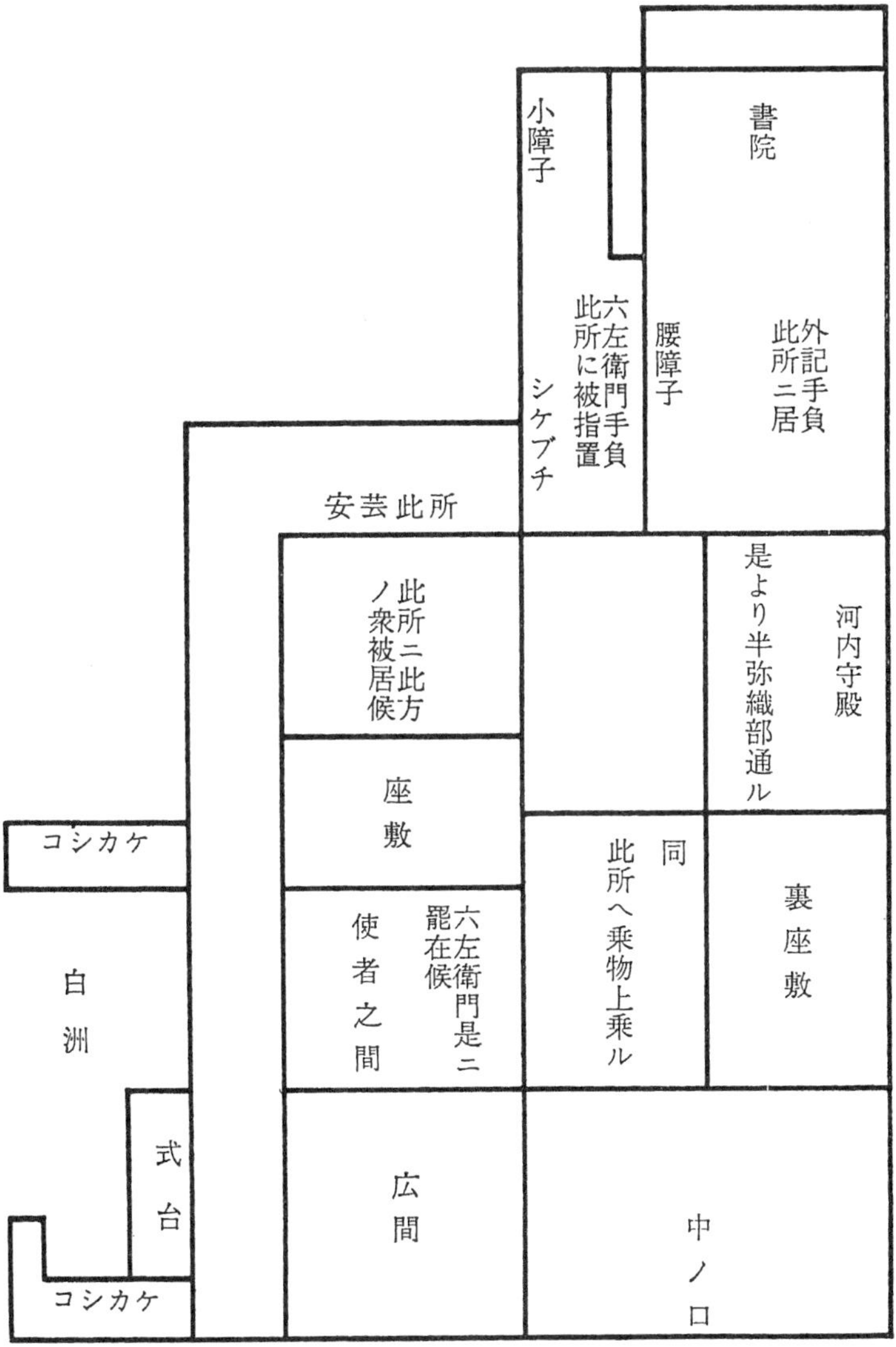

酒井雅楽頭　上屋敷の書院広間の図『伊達騒動実録』による

思うことはなんでも申しあげよ、という稲葉美濃守のことばを伝え、ただ今は老中の御相談中であるから、あらためて、また書付ででも申しあげよ、といって奥にはいった。その後、甲斐が安芸を討った、と。

これらのほかに、のちの編纂ものなどには、この刃傷についていろいろと記されているが、正確なところは、ここにあげた書状や覚書の類にのべるようなものとみるべきだろう。涌谷の『花井氏雑記』は、安芸が甲斐の股をきった、と記している。外記・六左衛門は、あわてた酒井家中からも傷をうけたという。

いずれにせよ、三月二十七日の審問が大体おわったころの出来ごとだったことは、確かである。そして、大老酒井雅楽頭以下老中・申次・大目付・目付などが勢ぞろいしたこの日で、少なくとも審問のことは終了し、翌日か翌々日に裁決が申し渡される予定であったと思われる。石田弥右衛門の覚書のいう時刻が正しいとすれば、審問は一時間ほどでおわったことになる。あるいは、審問後の相談によって裁決がおこなわれる予定であったかもしれない。

安芸の死体は、この日の夕方、家来の亘理蔵人・村田勘右衛門にひきとられ、翌二十八日、品川の東禅寺で火葬にされ、四月七日涌谷にむけて江戸をたった。二〇〇人近い家来がこれにしたがった。

外記の遺体は、二十八日のあけ方、酒井邸を出た。六十三歳。安芸より六歳年長の外記は、瀕死の深手をおいながら、伊達家中の後事を気づかった。老中稲葉美濃守は、かれを「一しやうちうぎ（忠義）にておわり候」と称賛したという。弱年の綱基（綱村）もまた、外記の死に落涙した。二十八日付の古内志摩の書状に「十死に一生をえた」とかかれた蜂屋六左衛門も、その二十八日午後に、五十八歳の生涯をおわった。

甲斐の胸中

刃傷にいたった甲斐の心のうちはどのようなものであったろうか。事件後、甲斐方の史料がほとんど失われてしまったために、甲斐の行動を示す史料はほとんどなく、それは安芸方の史料によってうかがうことができるにすぎない。いわんや、甲斐の心中を実証することは、困難である。

ただし、確実にいえるのは、三月の審問開始以来、老中・中次などとの関係で、甲斐が不利なたちばに立たされていたということである。十四日に提出した覚書は受理されずに板倉内膳正からさしもどされた。二十七日の早朝には、内膳正をたずねて面会を申しいれたが、当然のことながら、許されなかった。

さきにもふれたように、甲斐はとくに敏腕な奉行ではなかった。伊達家のこれまでの警察的な政治は、兵部と金兵衛の強い結びつきによって進められたのであって、甲斐は、もちろんその党ではあったにせよ、積極的にそれを進めたわけではなかった。にもかかわらず、幕府法廷に問題がもちこまれたいま、これに対する直接の責任は甲斐ひとりがおわなければならない形になった。甲斐の心労が大変なものだったことは、いうまでもなく明らかである。

甲斐の刃傷を計画的なものとみることも、一応できるかもしれない。大槻文彦は、甲斐は非分が決定的となったために、安芸らを殺して、死人に口なしにしようとした。酒井家臣にも応援を頼むとの約束だったかもしれぬ、という「臆測」を記している。また、『花井氏雑記』は、「甲斐は、元来覚悟して、下にさね帷子《かたびら》を着籠《きこん》」でいたといっている。

けれど、甲斐の刃傷は、審問がほとんど終了したころのことである。証人・原告を殺すにしては時期おくれといわざるをえない。平重道氏もいうように、大槻氏の「臆測」はやはり成立しないと思われる。少なくとも、あの時点での刃傷は、計画されたものとはいえないだろう。

結論は平凡になるが、心労をかさねてきた甲斐は、興奮のあまり、〝おのれゆえに〟とついに安芸をきった、というのが事実ではなかろうか。

酒井雅楽頭が、姻戚関係にある兵部の味方だったことは確かである。が、雅楽頭がそのために裁判をまげようとしたとは考えられない。雅楽頭の悪名は、その失脚後に一時に高くなったのである。いわんや、雅楽頭が兵部・甲斐と結託して、安芸や外記たちをなき者にしようと計画するということは、ありえないといわねばならない。

ただし、雅楽頭が兵部および甲斐を支持するがわだったことは、くりかえしふれておこう。作家の武田八洲満氏は、雅楽頭の近臣が記した『直泰夜話』という書物に、「さる三月二十七日、上屋敷において、仙台の家臣原田甲斐殿、傍輩の伊達安芸宗重を討ちけるとき」と甲斐だけに敬称を付していることを指摘している。したがって、山本周五郎氏が『樅ノ木』で重要なすじにしたてた、雅楽頭と甲斐との緊張関係は、実在しなかったのである。

また、古内志摩の書状そのほか、さきにあげた根本《こんぽん》史料、また事件当日の二十七日の深夜、甲斐の義弟でその一味といわれた津田玄蕃がかいた書状にも、すべて甲斐が最初に刀を抜いたことが記されている。甲斐がまず雅楽頭の家来の手で斬られたのを、甲斐みずからが自分の乱心刃傷にしたてかえた、という『樅ノ木』の構想は、事実としては到底みとめることができない。

甲斐と樅ノ木

甲斐の遺体は、二十七日の夜、申次大井新右衛門の指示をうけた剣持新五左衛門にひきとられ、芝増上寺《ぞうじょうじ》のなかにある良源院にほうむられた。新五左衛門は、甲斐の四男五郎兵衛の養父である。甲斐、五十三歳。その法名は剣樹宝光《けんじゆほうこう》――とつけられた。

しかし、罪人であるために戒名は過去帳にのせられず、碑も立てる人がいなかった。そののち、甲斐ゆかりの女性で、仙台藩士北氏の妻となった人を甲斐と合葬したという。その女性の法名は、霊松院円腮樹光大姉である。

良源院は、伊達家の宿坊であったが、その西南のかたすみに、明治のなかごろまで、大きな樅ノ木があり、原田甲斐の墓のしるしの樅ノ木と伝えられていたという。

結　末—六十万石安泰—

兵部・金兵衛らの処分

寛文十一年四月三日、事件から七日目の午後、伊達兵部は立花左近将監鑑茂《かねしげ》・大井新右衛門・妻木彦右衛門にともなわれて、幕府評定所に出頭し、大目付大岡佐渡守・寺社奉行戸田伊賀守からの申し渡しをうけた。

「兵部大輔・隠岐守は後見を仰せつけられたからには、家老の者どもと相談をして政治をとるべきところ、両人が不和のため、家中の仕置《しおき》よろしからず、年々処罪者がたえず、家中の者たちは安堵の思いがなかった。ことにこのたびの原田甲斐の不届きは、両人の不覚悟のためと思召《おぼしめ》される。また兵部は、先代綱宗の様子を十分に承知しながらのことで、ひとしお不届きである。よって松平土佐守へ御預けとする」

田村隠岐守（右京）もまた評定所に召喚されて、大岡佐渡守らから申し渡しをうけた。処分は閉門である。病気であり、また万端は兵部にしたがったので、大きな責任を問わない、というのがその趣旨であった。

伊達綱村の花押

兵部の子東市正《いちのかみ》には、町奉行渡辺大隅守がその屋敷まで出むいて、「兵部大輔の咎《とがめ》により、小笠原遠江守へ召し預けられる」という上意を申し渡した。

四月六日、陸奥守綱基（綱村）は江戸城に登り、白書院《しろしょいん》で大老・老中列座、大目付出席のもとに、兵部・隠岐・東市正への申し渡しの覚書を渡され、さらにつぎの申し渡しをうけた。

「陸奥守は、今度領地を召しあげられるべきところであるが、若年で両後見・家老どもに政治を任せ、自分は存ぜぬことであるから、御ゆるし下される」

「陸奥守は、元服もすみ、礼日などに登城していることであるから、もはや後見を置く必要はない。家老の者に諸事申しあわせ、家中の仕置を申しつけよ。もし、さしつかえることがおきたさいには、伊達遠江守と立花左近将監に相談せよ」

伊達六十万石の安泰の報は、ただちに品川の綱宗と、国もと仙台に注進された。

四月三日、申し渡しをうけた評定所で、兵部の身がらは松平土佐守豊昌の家来にひき渡され、芝三《み》田《た》の下屋敷に送られた。

十五日、兵部は土佐守の家来一八〇人ほどに守られて江戸をたち、五月六日土佐の高知城下につき、十二月からは高知の北西郊外の屋敷に移された。かつて三万石の大名だった兵部は、いま扶持米五〇〇俵を給され、七人の家来と配所の暮しを送ることになった。かれが死んだのは、それから八年後の延宝七年（一六七九）である。五十九歳であった。

兵部の子東市正も四月三日、小笠原遠江守忠雄に預けられ、まもなく豊前《ぶぜん》の小倉《こくら》に送られ、三〇〇俵の扶持米と六人の家来を許された。このとき二十三歳のかれは三一年後の元禄十五年（一七〇二）五十四歳でこの地で死んでいる。

伊達安芸が最も激しく非難した渡辺金兵衛は、三月二十七日申次衆の内意によって、江戸の仙台屋敷の親類牧野権兵衛と南部宗寿に預けられ、さらに四月十四日伊達遠江守の弟伊達宮内少輔に預けられた。

今村善太夫は志賀右衛門ら谷地配分の検使とともに、四月一日、伊達遠江守の麻布屋敷に移され、甲斐の義弟津田玄蕃、親類剣持新五左衛門および谷地検使の親類は二日に、また金兵衛の親類吉田甚兵衛ら三人は三日に、それぞれ浜屋敷にひきこもりを老中から命じられた。

十四日になって、玄蕃・新五左衛門・甚兵衛らは仙台に下し逼塞、という老中の内意が伝えられた。おくれて八月二十七日、渡辺金兵衛は伊達宮内少輔に預けて伊予吉田に移し、今村善太夫とその同役の目付横山弥次右衛門とは、伊達遠江守に預けて伊予宇和島に移すという処分が伝達された。また、谷地配分の検使志賀右衛門と浜田半兵衛（市部兵衛）は、家禄を没収して仙台に送られることになった。

九月十三日、善太夫と弥次右衛門は宇和島にむかった。金兵衛もまた、同日江戸をたって吉田の岩《いわ》籠《ろう》に入れられるはずになっていたが、八月二十七日以来断食を続け、九月二十六日江戸で餓死した。

善太夫とともに宇和島に預けられた横山弥次右衛門は、一二一年後の元禄六年（一六九三）、ゆるされて仙台にかえった。今村善太夫の最期は明らかでない。

原田一族の処罪

甲斐刃傷の三月二十七日、幕府申次衆と兵部・隠岐両後見は、仙台の大条《おおえだ》監物・片倉小十郎・茂庭主水《もんど》・富塚内蔵丞に書を送って、甲斐の子息四人をそれぞれ親類に預けるように命じた。監物らは、指示にしたがって、それを実行しようとしたが、甲斐の嫡子帯刀《たてわき》ら四人は、船岡にひきこもって、出ようとしなかった。

四月五日、原田家の親類すじにあたる茂庭主水は四人に誓紙を送って、船岡からの退去を要求し、その処理が帯刀たちのこれからの首尾のよいことを願ってのものであることを伝えた。甲斐の家来片倉隼人はこれを不服として、家に火をかけたが、帯刀はこれを斬り、七日、処分に服して、それぞれ親類に預けられた。

嫡子帯刀宗誠《むねもと》は上遠野《かどおの》掃部《かもん》・梁川三太夫・北郷荘太夫に、次男飯坂仲次郎は笠原内記・平渡《ひらわたし》清太夫に、三男平渡喜平次は石川右衛門・山岸伝三郎に、四男剣持五郎兵衛は猪苗代長門・清水長左衛門に、それぞれ預けられた。

六月五日、江戸から目付佐藤作右衛門が、帯刀らの処罪のために仙台に下向した。七日、処刑。帯刀ら四人ともに切腹である。帯刀は二十五歳、仲次郎二十三歳、喜平次二十二歳、五郎兵衛は二十一歳であった。帯刀の子采女《うねめ》五歳、伊織《いおり》一歳も殺された。

甲斐の母茂庭氏慶月院は伊達千代松に、甲斐の妻津田氏は伊達上野に、帯刀の妻茂庭氏は兄の茂庭主水に、仲次郎の妻と娘は古内主膳に、それぞれ預けられた。仲次郎の養父飯坂出雲は逼塞、喜平次の養父平渡清太夫、五郎兵衛の養父劔持新五左衛門は閉門を申しつけられた。いうまでもなく知行は没収である。

帯刀ら四人の死体を、仙台北山の満勝寺に葬られたいとの願いは、満勝寺が伊達家の始祖朝宗の菩提寺であるために許されず、それらは新寺小路の林光院に一穴にうずめられたという。

甲斐の母慶月院は、舌をかんで自殺をはかったが、歯がないために果たせず、七月二十九日伊達千代松の邸で餓死した。七十四歳であった。

伊達氏の始祖朝宗以来の譜代の臣であり、また宿老家として、一族ともにさかえた原田家は、ここに滅亡したのである。

激変する政情

三月二十七日の原田甲斐刃傷から、四月三日の伊達兵部らの処分申しわたし、同六日の伊達家無事の申しわたしまでの、一〇日たらずの期間は、伊達六十万石の命運が決定される時期であった。とくにその前半の五、六日間が、伊達家にとって不安と緊張の日々だったことは、あらためていうまでもない。

さきにふれたように、二月二十日、出入司田村図書が田村隠岐の家老北郷隼人に伝えた情報は、四人の谷地検使は成敗《せいばい》、安芸は押しこめ、奉行は免職、両後見も処分をまぬがれないだろう、というものだった。谷地検使の成敗というのは、このばあいは死罪をさすものかと思われる。

その後、情勢は安芸方により有利に展開したものとみられる。が、それにしても、これと大きく変わった処分になったとは考えられない。兵部の御預けのことがきまったのちに、松林忠左衛門は、「後見を除かれて、隠居を申しつけられる程度かと思っていたのに」と述懐している。

ところが、甲斐の刃傷は、そのような処分の予想を、大きく狂わせることになった。安芸は忠臣にまつりあげられ、兵部は所領没収、御預けとなる。刃傷後の数日は、激しい流動と転換の時期だったのである。しかもそのなかで、幕府は、すでに態度をきめていた伊達家無事の線をくずさずに、ことを処理したのであった。

二十七日の甲斐刃傷直後に、酒井雅楽頭の子息河内守忠挙《ただたか》は、玄関の式台に出て、「ただ今、座敷で乱心者がでて、人を殺したが、主人方には別条はない、供の衆は少しも騒ぐことはない」と高声でしらせた。

また夕方には酒井家取次役《とりつぎやく》の上田五太夫は、安芸の遺体を引きとりに来た家来亘理蔵人・村田勘右衛門にむかい、諸大名・旗本の家来が門前にひしめいているところで、「安芸殿は、不慮に甲斐に討たれて深手を負ったが、脇指を抜いて甲斐を斬りつけた」と大声でのべた。

老中審問の場となった酒井邸での狼藉は、江戸城中での狼藉に準ずるものであるが、これをいち早く甲斐悪逆、安芸忠臣の形でまとめ、しかも伊達家にとがめをかけないようにという、酒井雅楽頭の意図が、河内守や五太夫のものいいに現わされているものとみてよかろう。

のちに雅楽頭が失脚して、その死後酒井家が百日の閉門を命じられたとき、伊達綱村（綱基）は一〇〇門の野砲を毎日一門ずつ酒井邸に贈って、一日も閉門させなかったという（武器を運ぶためには閉門中に開門できる定めがあったという）。

また酒井家の江戸邸の焼失にさいしては、伊達家は必ずすぐにその板がこいをするのが例であったとも伝えられる。伊達家が、雅楽頭の処置を徳としたことを示すものであろう。

おなじ三月二十七日、伊達兵部と田村隠岐（右京）は、江戸詰若年寄の津田玄蕃に命じて、仙台の留守居片倉小十郎、評定役茂庭主水・古内造酒祐に書を送り、甲斐刃傷のことをしらせ、安芸と甲斐の在所涌谷・船岡の者たちをしずめるよう、そのほか一門以下さわぐことのないようにと伝えた。片倉小十郎景長は、柴田外記ら三奉行が江戸に召喚されたのち、幕府の命で留守居の責任をおっていたのである。

その夜、兵部・隠岐両後見は中次衆島田出雲守・大井新右衛門とともに、隠岐の邸で、善後策をねった。翌二十八日、兵部は隠岐と相談の上で、甲斐の義弟津田玄蕃を遠慮なく勤務させる、ただし綱基への出仕は遠慮させるという指示をしている。両後見は名実ともにまだその職務をとり、また玄蕃らについてもまだほとんど処置はなされなかったのである。

四月二日、中次衆島田出雲守から「陸奥守身上のことは些《いささ》かも気遣いないように」との老中の申し達しが伝えられた。翌三日兵部・隠岐両後見は、この朗報を国もとに伝達した。そのふたりが、処分を申しわたされたのは、同じ日のことであった。

兵部後見体制はここにおわりをつげたのである。

態勢のたてなおし

三月二十七日の刃傷で、仙台藩の三奉行（家老）のうち、柴田外記・原田甲斐のふたりが死んだ。のこったのは古内志摩ひとりである。

その志摩は、事件後は伊達遠江守の屋敷に移されて、しばらく滞在するように命じられた。仙台屋敷にすぐもどったのでは、甲斐派の者に危害をくわえられるかもしれない、という酒井雅楽頭の配慮による措置であった。

仙台伊達家としては、ひとり残った奉行である志摩を、一日も早く仙台屋敷にひきとりたい意向だったらしい。

が、志摩は二十八日、田村隠岐守方にあてた書状のなかで、

「悪人どもの居る仙台屋敷へ自分ひとりで行ったのでは、どうして無事であることができようか。御老中様さえ、志摩をあわれんでおられるのに、自分を鬼に餌《え》にされるつもりか」

とのべて、帰ることを拒否し、四月十五日まで遠江守の邸に滞在したのである。

その志摩は、刃傷当日の二十七日、江戸の仙台屋敷にいる出入司田村図書・小姓頭各務采女《かがみうねめ》あてに、上屋敷には少しでも怪しい者は置かないように、という指示を与えた。また二十八日の田村隠岐方に出した書状でもいっている。

「安芸と外記を殺した、その張本人は金兵衛・善太夫・弥次右衛門・玄蕃などである。伊東七十郎は陸奥守様に不忠はないのに、兵部様の意趣のために一類大勢が処罪された。それにひきかえて、金兵衛のような悪逆の者に対して、その処分をのばしているのは、兵部様の身をきづかってのことかと思われる。悪人どもをそのままにしておいたのでは、かれらは自分（志摩）をまた安芸・外記と同様に殺してしまうだろう」

さらに四月七日、志摩は遠江守・立花左近将監および幕府申次衆の金兵衛・玄蕃に対する処分の審議に加えられるに当たって、閉門中の田村隠岐に自分の意見を申し送って諒解をえているが、それはつぎのようなものであった。

――渡辺金兵衛・今村善太夫・横山弥次右衛門らは厳科に処し、津田玄蕃は少し軽く、甲斐の子ども一類は幕府の申しつけよりもひときわ重くする。志賀右衛門・浜田半兵衛はとくに悪人の同類とはいえない。――

古内志摩は、このように渡辺金兵衛らの重罪を主張したが、結果はさきにあげたような刑に落ちついた。〝甲斐悪人〟の線で処分は決定したのである。

四月十五日、志摩は仙台屋敷にかえった。兵部の処分が行なわれた四月三日以後、江戸の伊達家の庶政をあずかってきたのは、出入司田村図書・小姓頭大町権左衛門・各務采女《かがみうねめ》の三人だったが、以後は志摩がそれをとりしきることになる。

事情はひとまず正常にもどったわけである。

幕府の指示によって、六月には片倉小十郎と外記の嫡子柴田中務朝成《ともしげ》が奉行に任命された。奉行は三人となり、執政の態勢は一応ととのえられたのである。

三月二十七日から志摩帰還の四月十五日までの期間の、江戸の仙台屋敷の発着した文書は、六月になってから、案文（ひかえ）もふくめて二三六通が、一つの箱に納められ、田村図書・大町権左衛門・各務采女の手で封印されて、御納戸《なんど》御宝物方に移された。仙台市立博物館に現存するその箱のふたには、このことが記されている。はじめにふれた、増田繁幸らのいう「黒箱」がこの箱にほかならないことは、箱書《はこがき》からみてもまず確かであろう。

五月二十八日には、兵部の旧領三万石を伊達綱基に返すことが、正式に幕府から申しわたされた。兵部の家来の家老以下足軽まで三百数十人は、一部分知行をけずられた者もあるが、すべて伊達家に帰参した。

なお、甲斐の家来の一部は、名取郡植松村・飯坂《いいのざか》村に移って新百姓となった。

翌寛文十一年（一六七一）の四月になって、田村隠岐守は閉門をとかれた。なお、つけくわえると、隠岐は延宝六年（一六七八）四十二歳で死去し、その子右京大夫宗永《むねなが》の天和元年（一六八一）、田村氏はかつて兵部のいた一ノ関に移り、明治維新をむかえることになる。

この年十一月、片倉小十郎が奉行をやめ、大条監物宗快《おおえだけんもつむねよし》と小梁川修理宗敬が奉行になった。監物はかつて寛文二年から七年まで奉行職だったが、いままた奉行に復職したのである。

尽忠見竜院

その翌年の延宝元年（一六七三）六月、古内志摩が死んだ。

その前月かれは陸奥守綱基（綱村）に諫書を提出して、怒《いか》りをおさえて温和につとめること、中務・修理・監物の三奉行はみな立派な人物であり、この三奉行を重用すること、女中や側近小姓などの言はもちいないことなどをのべ、さらに伊達弾正・津田玄蕃ら五二人を古悪人、富塚内蔵丞重信・茂庭主水姓元ら一四人を新悪人として批判した。

志摩によれば、内蔵丞・主水らは新しい派閥を構成して、伊達家をふたたび乱そうとするものだ、というのである。また、同族の古内造酒佑重直もまた、志摩によれば、「忠心うすく、心行《こころゆき》よろしからざる者」であった。

このように、事件後も伊達家中の安定は必ずしも実現しなかった。が、その後十数年の経過のなかで、それは徐々に達成されていった。富塚内蔵丞は幕府国目付に対する無礼のかどで、寛文十二年の冬に逼塞《ひっそく》を命ぜられ、古内造酒佑もその後綱村に重用され、岩沼一万石を領して藩政を専断したが、貞享三年（一六八六）に失脚した。

このような過程で、涌谷伊達氏の勢力は、大きくのびた。寛文十一年五月二十八日、「伊達安芸こと、忠義之者に候間、早速跡式《あとしき》相違なく、兵庫に申しつけらるべき事」という将軍徳川家綱の上意によって、兵庫（のち安芸）宗元は父の跡目相続を正式に許された。

なお、蜂屋六左衛門の子半弥も跡式を下され、十一月には、兵部によって抑えられていた故里見十左衛門の跡式も、その子勘五郎にあたえられた。

寛文十二年、綱基（綱村）の妹類《るい》姫五歳と伊達兵庫の子源五郎七歳との婚約がととのう。その結婚はのち貞享二年（一六八五）である。

延宝三年（一六七五）、十七歳の伊達綱基は、九月十九日江戸をたち、二十七日三千四百八十余人のともをしたがえて仙台城にはいった。はじめての入国である。

十一月四日、生母初子の甥《おい》三沢頼母《たのも》秀三を一門に列し、知行一〇〇〇石をあたえた。その前年には、懐守《だきもり》として功のあった橋本善右衛門・日野次右衛門・大松沢甚右衛門・富田二左衛門（壱岐）に、それぞれ知行三〇〇石を加増している。かつて亀千代（綱基）の襲封以来、毎年仙台に下っていた国目付は、綱基初入部の前年を最後として、停止されることになった。

延宝五年（一六七七）の一月一日、綱基は名を綱村と改め、四月には江戸の浜屋敷で老中稲葉美濃守の娘仙姫と結婚の式をあげた。家中仕置《しおき》など相談のため美濃守の娘と結婚せよ、という将軍の上意によるものである。綱村十九歳、仙娘は十三歳であった。

延宝七年（一六七九）三月二十七日、その命日にあたって、綱村は故安芸の忠節を賞し、「尽忠見竜院」の五字を大書して安芸（兵庫）宗元にあたえ、故安芸の霊廟にかかげさせた。三年前、宗元の願いによって故安芸の一件書類を一覧した綱村は、それまで家臣たちの間で必ずしも不確定だった安芸の忠不忠の評価を、忠として確認し、「兵部一類滅亡、治国之基《もとい》、感悦これに過ぎず候」と宗元に書き送っていた。

天和三年（一六八三）四月、綱村は父綱宗とはじめて対面した。この月、入道して嘉心《かしん》と称した綱宗は、このとき四十六歳、綱村は二十七歳になっていた。こののち父子の対面はしばしば行なわれることになる。

それから二年後の貞享二年（一六八五）、後西《ごさい》上皇とその生母逢春門院があいついで死去した。逢春門院が綱宗の生母貝姫の姉だったことは、はじめにふれた。また、「騒動」の発端となった綱宗の逼塞の一つの要因として、門院を介する後西天皇と綱宗の関係があったことも、さきにのべたとおりである。

その翌年の貞享三年二月四日、三沢初子が品川で死去した。四十八歳である。のち元禄八年（一六九五）、生母初子の遺言にしたがって、綱宗は仙台城下東郊の榴岡《つつじがおか》に、四民の結縁《けちえん》（成仏の因縁を結ぶ）のために釈迦堂を延立した。

元禄三年（一六九〇）のころ、幕府が諸国に隠密・巡察使を派遣して作られたという『土芥寇讎《どかいこうしゅう》記《き》』は、仙台藩政について、「政道も順路になりて作法よし」と記し、綱村を評して、「生得才智利発也、文武両道共《とも》に心掛よく、誠に主将の器《うつわ》と謂《い》うべし」とのべた。

「伊達騒動」＝寛文事件後から二〇年、「騒動」の余燼《よじん》は消えつくし、藩政のたてなおしは、すでに完了したとみることができよう。

そのおなじ元禄三年、『治家記録』は、幕府からたずねをうけた仙台藩が、「騒動」について、つぎのような主旨の答を提出したことを記している。

「原田甲斐は伊達兵部と一味して、勝手なふるまいをし、安芸・式部の谷地紛争の検分もその一味が私曲をしたのである。検使四人のうち今村善太夫・横山弥次右衛門はなにゆえかはわからぬが、兵部・甲斐に一味したことは、伊達家中《かちゅう》の者が、みなよく知っているところである」

仙台藩のこの公式見解は、また幕府の公式見解にもなった。そこには、張本といわれた渡辺金兵衛の名はあらわれない。兵部・甲斐、とくに甲斐が、極悪の臣とされているのである。

谷地境界の改定

元禄十一年（一六九八）桃生・遠田両郡の境が改められた。『桃遠境論集』などによれば、そのいきさつはつぎのとおりとなる。

――その前年の元禄十年、仙台領の国絵図の作成提出を命ぜられた仙台藩は、さきに提出した正保の仙台領絵図を借用して検討した。この機をとらえた伊達安芸（兵庫）宗元は、境界の復旧を願った。正保国絵図をみたところ、遠田郡の境界は、さきに故安芸が主張したところと一致し、桃生郡の山ぎわまでとなっていた。

その結果、元禄十一年十一月、寛文九年（一六六九）の境塚をくずして、あらたに境をたてた。同時に、寛文五年の遠田郡小里村と登米郡赤生津村の境をもとに復した。

これによって不利をうけた故式部宗倫の養子若狭《わかさ》村直には、九一一石を増加して二万石とした。若狭は綱村の弟である。式部の悪名をのこすといって反撥した若狭も、おまえは弟であるから従ってくれよ、という綱村の要請に服したという。――

幕府に提出された正保の仙台領絵図は、現在不明である。幕府所蔵の国絵図類をひきついだ内閣文庫には、正保の仙台領絵図の写しの一部が所蔵されているが、桃生・遠田両郡の部分は所蔵されていない。仙台地方にも見当たらない。あるいは、幕府にあった正保仙台領絵図は、戊辰戦争のころに策戦用として持ち出されて、そのままになってしまったのであろうか。いずれにせよ、正保国絵図によって、桃生・遠田両郡の境界の実態を、わたくしたちが確認するすべは、もうない。

ただし、正保国絵図の境が桃生郡の山ぎわまで東によって、問題の谷地が遠田郡に所属するように画かれていたとしても、それだけで、谷地は厳密に遠田郡分であったと断定することは、躊躇せざるをえない。藩政初期の谷地は、入会地であって、明確な領有権の区分つまり境界はたてられなかった、というのが実際だったように考えられるからである。

寛文九年の谷地分わけの、式部三分の二、安芸三分の一の比率がきめられたさいの、ふたりへの申しわたしは、「安芸は年うえであるから」というものだったが、それはあとからつけられた理由であって、兵部・右京がこの配分を打ちだしたのは、式部方の「理が強い」と認定されたからであった。

ともあれ、谷地境界の「復旧」は、「尽忠見竜院」の、物理的な側面からする総仕上げとなったのである。

〝騒動以後〟は、ここにおわりをつげる。

「伊達騒動」の真相—実像と虚像—

伊達家の紋　雪薄

いままでのべてきたあとを、ここでふりかえってみよう。万治三年（一六六〇）の綱宗逼塞にはじまり、寛文十一年（一六七一）の甲斐刃傷と兵部処罰におわる過程の事実経過は、つぎのようにまとめられると思う。

「伊達騒動」の実像

まず、綱宗の逼塞は、もちろんかれの不行跡がきっかけではあるが、もっと深い理由としては、幕府と一門重臣たちとの、外と内とからする忌諱《きい》排斥によって結果したものと考えられる。

幕府の忌諱は、綱宗が生母貝姫の姉逢春門院を介して、後西天皇と縁続きであったこと。後西天皇が、幕府との間に問題のあった天皇だったことによる。また、かれが伊達一門および家臣たちから排斥されたのは、その独裁的な政治姿勢にあった。

幕府との関係は児玉幸多氏が、一門および家臣との関係については滝沢武雄氏が、すでに指摘したところである。

綱宗を排斥しようとした一門および家臣のその上には、綱宗の叔父伊達兵部がいた。兵部は、綱宗隠居についての伊達家中の意見を指導した人物とみてよい。

それでは、兵部は伊達六十万石の乗っとりを画策したのか。そうではない。

兵部らは、綱宗の子亀千代(綱村)の家督相続を条件に、綱宗の隠居を願い出たのである。亀千代を家督相続人とすることは、当時すでに成立していた嫡子相続の「御大法」(幕府法)から当然であり、ほかならぬ兵部が、その書状のなかでのべていたことである。大槻文彦なども認めている家督相続の入札のことは、本文に書いたように、事実と考えることができない。

綱宗の逼塞後は、その以前から奉行として勢力をもっていた奥山大学が、茂庭周防を失脚させて、専断を行なう。が、大学の失脚後は、兵部は目付渡辺金兵衛・今村善太夫らを重用して警察政治を展開し、金兵衛が小姓頭に進んだのちも、この傾向は改められない。

寛文十一年春までの一〇年あまりの間に、伊東一族の処罪に代表される大身歴々以下の一二〇人に及ぶ処分は、兵部・金兵衛のラインによる恐怖政治を明瞭にものがたるものであり、この点で、兵部の悪政の責任を否定することはできない。田辺実明のつよい兵部擁護説はなりたちにくいと思う。

原田甲斐は、兵部に追随し、金兵衛と妥協して勢力を拡大した。奉行同役の柴田外記・古内志摩と対立して、恐怖政治を推進した責任は、当然負うべき人物である。甲斐は、伊達家の安泰を願ってことを穏便にすませながら、亀千代(綱村)の成長をまった、思慮深い人物という見方もある。田辺実明・山本周五郎の両氏はその見解をとり、平重道氏もこれに近い。あるいは甲斐はそのような考えをいだいていたかもしれない。が、もしそうならば、例えば寛文七年席次問題のような、自分の子息主殿（帯刀）の席次を進めるような不公平は、少なくともつつしむべきであった。

甲斐は、その意図はともかくとして、兵部・金兵衛の恐怖政治に協力しこれを推進した罪をとわれるべきだろう。もし、これに抵抗しようとする意志をもったにもかかわらず、それをつらぬけなかったのだとすれば、その優柔不断と日和見を非難されなければならない。

ただし、伊達式部と伊達安芸の谷地争いに関するかぎりでは、兵部・甲斐に不正はなかったとみられる。安芸自身が谷地問題で強く主張したのは、配分の実施のさいの検使の不正であった。この実施の不公正については、兵部・甲斐は直接責任がないと思われる。また、本来の谷地紛争についての、式部と安芸についての黒白は必ずしもつけにくい。双方の主張を比較すれば、兵部・右京が判断したように、むしろ式部の方がすじが通っているとみられるのである。

そして、兵部・金兵衛の線でおこなわれた「警察政治」は、じつは、のちにもふれるように、強力な経済統制によって財政難を打開し、かつ権力の集中をはかろうとする積極的な政治姿勢の結果とみるべきであろう。

安芸の幕府への上訴は、大きな危険をはらんでいた。まかりまちがえば、伊達六十万石にきずがつく、そのような危険をあえておかした安芸は、単純に「忠臣」とはいえない。安芸の「忠臣」が決定したのは甲斐刃傷の時点のことであり、刃傷がなければ、安芸もまた何らかの処分をまぬがれなかったと思われる。

兵部の教唆によるかもしれないが、綱基（綱村）は明らかに安芸を不忠の者とみていた。綱宗の考えにもまた、その傾きがあったかもしれない。奥山大学は安芸の行動を、「自分の利害打算から発した忠」だと批評した。このような面がまったくなかったはずは、もちろんありえないだろう。その点で、大槻文彦の安芸忠臣説は当然批判されなければならない。

すでに寛永三年（一六二六）、藩祖伊達政宗は、「仙台の奉行衆番頭衆に申し聞えずに、江戸京都へ訴訟につき罷《まかり》上ること」を禁止している。この「騒動」の発端の年ともいうべき万治三年（一六六〇）の七月には、伊達家の親類・一門・奉行・宿老たちは、それぞれに連署の起請文を作成して、「殿様の御為によいと思うことも、連判の衆に相談せずには申しあげないこと。むこう一〇年間は、どのようなことがあろうとも勘忍して和合につとめること」を誓約した。たしかに安芸の幕府提訴は、その一〇年の期限がきれたのちのことではある。けれども、その行為が、政宗の法度や万治の誓約の精神に背反することはいうまでもない。

幕府の仙台目付牧野数馬が安芸を評して、理くつの強すぎる人物だといったのは当たっているし、また伊達家臣たちの間で、安芸の忠不忠がしばらく不確定だったのも当然だといえる。

ただし、だからといって安芸は、田辺実明のいったような、不思慮な一徹者ではない。かれの書状には、さきにふれたように、伊達家の安泰と自分の上訴との矛盾についての迷いとためらいがあらわれていた。

安芸の上訴ののち、かれの諸方面に対する猛運動によって、兵部・甲斐・金兵衛の処分の方向はきまっていたとみられる。

しかしそれは、兵部後見解除と隠居ないし閉門、甲斐・金兵衛の処分もまたさほど重いものではなかったように推測される。検使四人はあるいは重罪に処されたかもしれない。その反面で、上訴を強行した安芸もまた、なんらかの処分をまぬがれなかったのではなかろうか。

以上が、万治三年から寛文十一年三月二十七日に至る「騒動」の事実経過である。

「伊達騒動」の実像は、このようなものであったと思う。

虚像の成立

甲斐刃傷によって事態は一変する。安芸は文句なしに「忠臣」にまつりあげられた。生きのこった奉行古内志摩にもとがめはない。

問題は谷地配分と刃傷、とくに刃傷に集約された。当然、甲斐は極悪不忠の臣となる。兵部は谷地わけを中心とするこれまでの悪政の責任と、とくに甲斐刃傷の責任をとわれて御預けに処された。しかし、谷地検使に対する処罪は不徹底なままにおわった。また、渡辺金兵衛も御預けにとどまった。

大老邸の評定の場で刃傷した甲斐の罪が大きいことは、うたがいもない。問題は、甲斐刃傷事件の処理によって、本来の訴訟裁決が様相を変更した点にある。ただし、甲斐の刃傷にもかかわらず、伊達家安泰という裁決の基調は変更されなかった。そのような方向は、児玉幸多氏ものべたように、三月はじめのころにはほとんどきまっていたのである。

このような「騒動」の結末、事後処理は、まもなく、逆に「伊達騒動」の事実経過までをもまげてしまうという結果を生んだ。まえにあげた、元禄三年（一六九〇）の仙台藩の公式見解がそれである。そこでは、「伊達騒動」の最も重要な問題だった兵部・金兵衛らによる恐怖政治が脱落し、谷地配分と刃傷に焦点がしぼられてしまっている。恐怖政治の「元兇」といってよい渡辺金兵衛は、その氏名さえもあげられていないのである。

「伊達騒動」は、これまでにみたことからわかるように、綱宗逼塞の万治事件と兵部後見期の寛文事件とによって構成されている。が、仙台藩はこれを「寛文事件」とよんだ。このよび名は、谷地配分と刃傷、とくに刃傷に力点をおく考え方とも関係があるように思われる。

このような認識を、わたくしたちは、「伊達騒動の虚像」とよぶことにしたい。そして、「騒動の真相」というのは、広い意味では、このような「虚像」の成立までをふくむ事実経過の総体である、ととらえるほうが、この大きな「騒動」事件を、より深みをもって立体的に理解できるのかもしれない。

虚像から虚構へ

事件後に編集された『兵甲記』『家蔵記』などの書物は、この虚像の表現とみることができる。それらは、ともかくも事実に即することをねらってかかれたものだから。

しかし、やがて、それらとはちがって、事実そのものを追求するのではなしに、芸術的な観点からこれを解釈しなおした作品があらわれる。

それは勧善懲悪をたて糸とし、義理と人情の葛藤をよこ糸にして、芸術的な真実性を追求したものである。が、本来の事実との距離は、これによってますます大きくなる。歌舞伎『伽羅先代萩』では乳母政岡とその子千松が劇の主人公となり、千松が幼君にかわって毒殺される場面が、最高のみせ場にしたてあげられている。そのほか、講談などにも、遊女高尾のつるし斬りがおりこまれる。いうまでもなく、その基調にあるのは逆臣＝悪玉のお家のっとりと、忠臣＝善玉による悪玉退治、お家安泰である。

時代の経過とともに、「伊達騒動」の実像は、虚像からさらに虚構つまりフィクションへと移りかわり、人びとは、逆に虚構によって「伊達騒動」を知り、虚構を実像と誤るまでになってしまった。戦後に書かれた山本周五郎の『樅ノ木は残った』は、その解釈や道徳観などで、『先代萩』とまったく反対の立場にたつものであるが、やはりすぐれた虚構である。そして、これらの虚構はどれもみな、「伊達騒動」の実像からは相当にへだたりをみせるものになっている。

大槻文彦の大著『伊達騒動実録』は、歌舞伎『先代萩』の虚構を、徹底的に解体させた。また、渡辺金兵衛を脱落させた仙台藩と幕府の公式見解、すなわち虚像の誤りを、つよく指摘したこともその大きな功績である。けれども忠臣安芸説を強くとったために、「騒動」の実像を必ずしも正しくうちだすことができなかった。

『実録』を批判するたちばから書かれた田辺実明の『先代萩の真相』は、大槻説のゆがみをただしたすぐれた書物である。が、それもまた、兵部・甲斐忠臣説に固執したために、「真相」＝実像を明らかにすることができなかったのである。

「伊達騒動」と仙台藩体制

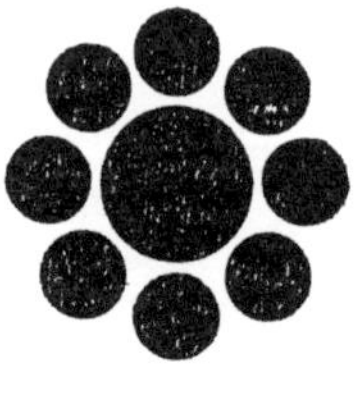

伊達家の紋　九曜

派閥争いの実態

史論家山路愛山は、御家騒動とはつまりは政党の争いであり、権力争奪史にすぎない、とのべた。たしかにそのとおりである。

問題は、その権力争奪が具体的にどのような歴史的な姿を示すか、という点にある。

最後のこの章では、「伊達騒動」が仙台藩の大きな歴史のなかで、どのような位置をしめているか、それはどのような意義をもつかという問題を、近ごろの諸研究を紹介しながら、考えてみることにしよう。「騒動」の真相あるいは実像は、それによってはじめて明らかになるはずだから。

かつて、わたくしは、「伊達騒動」にふれて、その基本的な原因を、地方《じかた》知行制にもとづく伊達一門層の強力と、藩主権力の未確立に求めた。林亮勝《りょうしょう》氏はさらにこれを深めてつぎのように結論した。

――「伊達騒動」は、藩主の権力を制約しようとする一門の動きが、綱宗を隠居させ、幼君亀千代を擁立した。が、それは一門全体の利益とはならなかった。その後、権力をにぎった兵部・奥山大学・原田甲斐らは、立場ややり方は違っていても、その根本の方向は、仙台藩を単一の組織で統制してゆこうというもので、その点では一致していた。それは、一門の意図と反する。また、亀千代をめぐる人びとは、次期政権を掌握するための動きをはじめる。このふたつの動きが結びついて、現政権打倒の方向がうちだされてくる、と。

「伊達騒動」の派閥抗争を、仙台藩制の確立過程のなかで考えようとする方法が、こうして提起されたのである。

これに対して、児玉幸多氏は、兵部反対派は必ずしも一門だけではなく譜代直臣がむしろ多い。したがって、この「騒動」は、横にわった階層の対立というよりは、縦にわった対立抗争とみるべきだ、という批判をなげかけた。

滝沢武雄氏もまた、児玉説に賛成しながらも、奥山大学の政治と、その失脚以後の時期とを区別して、つぎのように主張した。

——万治三年の綱宗の逼塞と、それに続く奥山常辰の失脚までの間は、大学による藩主権力の強化、藩制の確立への志向と、これに対する有力家臣団の反抗がみられる。が、その後の実態は、地方知行主である藩士の党争に終始した。それは一門と直臣の対立ではなく、また藩制の確立という面からみれば、むしろ後退したものであった、と。

兵部後見政治の性格

家臣団の動きに力点をおいた政治史的な視点からみたこれらの説に対して、佐々木慶市・佐々木潤之介の両氏は、社会経済史的な視点からこの「騒動」を解明し、兵部後見政治が権力の集中をはかり、強力な藩の体制をつくりあげようとした前向きの姿勢を評価した。

佐々木慶市氏は、つぎのようにいっている。

——綱宗から亀千代の代にかけての仙台藩は、明暦三年（一六五七）の江戸大火の復興のための幕府課役と小石川堀普請課役との負担によって、深刻な財政難に直面していた。兵部が奥山大学を用いて行なった藩の独占的な買米制は、この財政難を打開するために、領内の米・大豆などを藩が直接全面的に掌握しようとしたものである。その後の兵部の独裁政治は、奉行衆をさしおいて、小姓頭渡辺金兵衛・出入司鴇田《ときた》次右衛門・目付今村善太夫らをブレーンとして推進された。財政難打開のためには新田開発を奨励し、治水・灌漑の整備にも力をそそいだ。

兵部が処罰した「罪人」一二〇名の役職名をみると、勘定方・金山方・金奉行・納戸方《なんどかた》・金銀渡役・台所人など、その大部分が財政経済の担当者であり、政治的なものは、伊東一族の処刑が有名であるが、きわめて少ない。したがって、兵部の政治は財政難の克服と藩主権力の強化をはかったものである。「悪政」とよばれた刑罰主義と極端な側近政治は、当時の仙台藩の近世的体制の未熟さに由来するもので、兵部の政治的立場はむしろ前向きであった。

これに対する安芸の直訴は、旧来の秩序を維持しようとする保守主義が、兵部の出頭人（急速に出世した側近）重用政治ないし積極政策とぶつかったのである。この事件は、仙台藩内の進歩的勢力と保守的勢力の争いであったといえる、と。

佐々木潤之介氏もまた、つぎのように記している。

――兵部や甲斐は、財政難の打開のために、新田開発を進め、農民数を維持するために寛文六年（一六六六）「人返《ひとかえ》し」の法令を出し、それと関連して寛文二年「村方万御定《むらかたよろずおんさだめ》」を出した。また寛文二年には、津留《つどめ》令を出して、必要物資の確保と、仙台藩全体の経済構造を給人《きゆうにん》（知行取）知行地をふくめて一体化しようとした。寛文八年には「在々御仕置《ざいざいおしおき》」六カ条を出して、農民の衣食住その他にきびしい制限をくわえて、買米制の強化をはかった。

兵部・甲斐のめざすところは、大名の手に権力を集中し、強力で封鎖的な藩の体制をつくりあげることにあった。その過程で、一門をはじめとする上級家臣との対立は避けられなかったし、その対立のために兵部らの諸政策に多くの誤りや不正といわれる事態が生まれ、大きく指摘されるにいたった。そのために兵部・甲斐らの藩政は挫折した。

が、これらが採用した新田開発や買米制は、つぎの綱村の代にうけつがれて成功させられるのである、と。

このようにのべた佐々木潤之介氏は、ひろく御家騒動の共通点として、大名の政治的能力の欠如、出頭人的家臣と譜代直臣層との対立、幕府への上訴とその裁決、大名財政の危機、という四点をあげ、「伊達騒動」もまた、これらの共通点を満足していることを指摘して、かつて「伊達騒動」のおくれと特殊性にふれたわたくしの見解を批判された。

「伊達騒動」の歴史的意義

「伊達騒動」を幕藩体制あるいは仙台藩制のなかで、どのように理解するかという問題、いいかえれば「伊達騒動」の歴史的意義についての研究は、現在このようなところまで進んでいる。

そこでの争点はふたつに要約できる。

第一は、「騒動」の矛盾対立が、児玉・滝沢氏のいう地方知行主相互のたてわりの党争であるか、あるいは林氏のいう一門対直臣の抗争であるか、また佐々木潤之介氏のいうように譜代直臣と出頭人との抗争であるか、という点である。

第二は、兵部らの政治をむしろ後退したものだとする滝沢説と、これを進歩的なものとして積極的に評価する両佐々木説の対立である。

まず第一の点について考えてみよう。兵部の政治態勢が、奉行衆を前提としながらもこれを疎外して、成りあがりの目付・小姓頭渡辺金兵衛を重用するというものだったことは、すでにみたとおりである。佐々木潤之介氏のいう出頭人には、このばあい譜代家臣の原田甲斐ではなしに、渡辺金兵衛あるいは今村善太夫らをあてるべきことはいうまでもない。

それでは、兵部・金兵衛らの政治路線に対立したものはだれか。寛文三年（一六六三）の兵部らの計画した伊達全家中への課役に対しては、一門伊達安芸・伊達左兵衛・伊達弾正および小姓頭里見十左衛門らが反対した。財政難打開のための家臣団への負担転嫁に対しては、一門を代表とする全家臣がこれに抵抗したと考えられる。が、その後、大きく兵部らと対立したのは、里見十左衛門と伊東一族であった。まず、比較的大身の譜代家臣層がこれに対決したのである。そして一門である安芸は、式部との谷地論ののちに、兵部・金兵衛の路線と対決することになった。

このような事実によれば、兵部・金兵衛の独裁政治に対立したものは、一門および譜代家臣をふくむ広汎な一般家臣団であった。他方、一門重臣クラスの独立性を前提とする相互の対立抗争があり、これが兵部・金兵衛路線と全家臣との矛盾対立にくりこまれて、全体として矛盾を爆発させることになった、と考えてはどうだろうか。

一門重臣クラスは、かつて独立の大名だった旧族をふくみ、かれらは伊達家当主に対しても、まだ完全な家臣となりきらない面を残存していた。その意味で、一門重臣と譜代家臣たちは一つの家臣団として結集せず、また一門重臣のたがいの間にも対立矛盾をはらんでいたのである。しかも、かれらはあわせて、兵部・金兵衛の独裁路線のもとに抑えつけられることになった。抗争は、たてわりの抗争を大きくふくみながら、それだけにはとどまっていなかったのである。

しかも、対立は、出頭人家臣対譜代家臣との間だけでない。また「直臣と一門の対立」という林氏の把握は、どちらかといえば、「出頭人家臣（奥山大学・渡辺金兵衛・今村善太夫ら）と一門の対立」といいかえられるべきであろうが、現実の対立は「兵部・出頭人家臣」対「一門・譜代家臣」のそれとして現われたのである。そして注目されるのは、奥山大学の独裁に対しても、またのちの兵部・甲斐・金兵衛の強圧政治に対しても、つねに伊達安芸がその反対勢力の重鎮だったことである。

兵部・金兵衛の独裁路線を強行させた一つの要因は、財政難打開であった。その財政難は、主として幕府の課役によって発生したものである。一門重臣の相対的独立性・優位性という仙台藩の特殊な条件に対して、幕府の課役という一般的な条件がおおいかぶさったとき、このような形の矛盾対立が生まれたとみてよかろう。そこに「伊達騒動」の特殊な面と一般的な面をみることができる。

それでは、第二の点、兵部・金兵衛の政策の性格は、どう把握すべきか。両佐々木氏の指摘のように、その政策が権力集中的な性格をもち、また新田開発の促進や買米制の整備など進歩的な面をもっていたことを、認めるべきであろう。

その反面、出入司田村図書・和田半之助の意見書によれば、仙台藩の借金は、二代忠宗の代にやや減少して四万両になったのが、小石川堀普請の課役などのために綱宗の代にまた二倍にふえ、寛文七年ころには減少して三万八〇〇〇両ほどになったが、そのころから江戸屋敷の結構な建築などのためにまた悪化し、寛文十二年には一二万両に達した、という。

寛文七年の財政好転までの兵部の努力は認めなければならない。が、それ以後の悪化をどう考えるべきか。兵部による専制の態勢がとくに強化されるのは、寛文七、八年ごろからとみられる。それと財政状態の悪化とが一致していることは、兵部への権力集中を、単に進歩的とだけ評価しにくいことを思わせる。里見十左衛門の意見書にあった、学問を軽んずるというような事実は、兵部・金兵衛らに進歩的とだけいいきれない面をのこしていたことを示すものではなかろうか。

その警察政治は、幕府の仙台藩に対する監察態勢と、他方には藩財政たて直しのためのきびしい経済統制との結果であることを否定できないが、それとは別個の不公平・党派的なゆがみを、金兵衛らに認めざるをえない。

ひとことで結論をいうならば、「伊達騒動」とよばれる長期の事変は、地方知行と在所拝領にもとづく仙台藩のおくれた構造に立脚しながら、権力の集中強化がはかられる過程でおきた。その集中強化は、兵部・甲斐・金兵衛らによって自発的に進められた面もあるが、幕府課役によって生じた財政難を打開するためのものという意味で、間接的には幕府から強制された一面をもっている。

もともと、この事件の発端となった綱宗逼塞は、幕府による綱宗忌諱が一つの要因だったとみられる。その後の仙台藩政は幕府の国目付の監察と老中酒井雅楽頭の指示のもとに展開した。いうまでもなく、最後の訴訟の断は完全に幕府に握られ、「騒動」後の処理もすべて幕府のさしずによって行なわれたことは、さきにのべたとおりである。

家臣に対する大名の圧倒的な優位、そして大名に対する将軍の決定的な優位、総じて上位者の圧倒的な優位というのが、世界史に比類をみない幕藩体制の特質だといわれている。

「伊達騒動」は、家臣に対する大名の圧倒的優位がまだ確立していない特殊な仙台藩の時点で、大名に対する将軍の決定的優位という事実が、そもそもの基動的要因（幕府課役）と発端の原因（綱宗逼塞）となりながら、それを展開し決着（裁断）させた事件である。「伊達騒動」は仙台藩かぎりの事件ではなく、幕府と仙台藩とのかかわりあいのなかでおきたものであり、それはまた幕藩体制のありかたを示す象徴的な事件のひとつにほかならない。

おおづかみによれば、「伊達騒動」は、奥山大学や伊達兵部・原田甲斐・渡辺金兵衛らの進歩主義と伊達安芸に代表される家臣たちの保守主義の対立とひとまずみることができる。

兵部らがしいた路線は、「騒動」の幕ぎれでの、兵部らの敗退と安芸方の勝利にもかかわらず、その後も綱村（亀千代）の手で発展させられることになる。

ただし、約五〇万人とみられる当時の仙台領の農民にとっては、その進歩的な政策もまた、しょせんはかれら農民をより強力に支配し、しかもその支配を安定的に持続することをねらうものにすぎなかったのである。

年表

万治元年（一六五八）

七月一二日　伊達忠宗死ぬ（六〇歳）。

九月　三日　伊達綱宗が三代藩主となる（一九歳）。

閏一二月一八日　幕府が仙台目付を任命する。

万治二年（一六五九）

三月　八日　綱宗の第一子亀千代（綱基のち綱村）生まれる。生母は三沢初子。

万治三年（一六六〇）

二月　一日　幕府が綱宗に小石川堀普請を命ずる。

五月一九日　小石川堀普請初め。

〃　三〇日　同普請鍬初め。

七月　九日　一門・奉行・宿老が綱宗隠居と亀千代相続の願書を幕府に提出。

〃　一八日　伊達綱宗が逼塞を命ぜられる。

〃　二六日　伊達綱宗が品川の大井邸に逼塞（二一歳）。

（また八月ともいう）

八月二五日　幕府が綱宗に隠居、亀千代（二歳）に家督相続を命ずる。伊達兵部宗勝・田村右京宗良に後見を命じ、それぞれ三万石を賜わる。

寛文元年（一六六一）

三月二九日　小石川堀普請完成、将軍徳川家綱これを見る。

寛文二年（一六六二）

四月一八日　奉行茂庭周防定元が病を理由に辞職する。

六月　伊達兵部・田村右京の両後見の領地支配について六カ条問題おこる。

寛文三年（一六六三）

二月二〇日　里見十左衛門重勝、奥山大学の専横を諫言する。

五月一八日　総家中への加役について、伊達安芸が意見書を提出する。

七月二六日　奥山大学、奉行を免ぜられる。

一〇月二八日　茂庭周防定元が奉行に再任される。

この年　原田甲斐が奉行となる。

寛文四年（一六六四）

四月　六日　亀千代登城して将軍家綱に謁する（六歳）。

六月　三日　亀千代が家綱に謁し、六二万石の領地判物を賜わる。

閏五月　七日　立花飛驒守忠茂隠退し、その子左近将監鑑虎が家督を相続。

七月二八日　伊達兵部の子東市正宗興（一六歳）が姉小路公景の女（酒井忠清の妻の妹）と婚約。

寛文五年（一六六五）

この年　登米・遠田郡境について、伊達式部と伊達安芸の争論がおこる。

寛文六年（一六六六）

一月一一日　奉行茂庭定元死ぬ（四六歳）。

一月　里見十左衛門が後見兵部に諫言する。

一一月二七日　医師河野道円父子三人が死罪となる。

寛文七年（一六六七）

四月　仙台目付下向の城中饗応について、古内源太郎・伊東采女の席次問題がおき、両人が奉行に

寛文八年（一六六八）

一一月二三日　抗議する。

一二月二三日　桃生・遠田の郡境について、伊達式部と伊達安芸の争論がおこる。

三月二三日　采女重門・伊東七十郎ら在所の桃生郡小野で捕えられる。

四月二八日　伊東一族が処刑される。

寛文九年（一六六九）

三月二八日　奉行柴田外記・古内志摩の誓約書に甲斐連判せず。

六月　九日　境論につき茂庭主水らが伊達安芸を説諭し、桃生・遠田境の谷地配分の基準が決定する。

八月一三日　目付今村善太夫らが検使となり、谷地を実測して境塚をきずく。

一二月　九日　亀千代元服、名を総次郎と改め、登城して将軍に謁し、一字を賜わって綱基（のち綱村）と称し、陸奥守・左近衛権少将に任ぜられる（一一歳）。

寛文一〇年（一六七〇）

一月二五日　伊達安芸が奉行へ谷地配分について覚書を提出する。

二月一〇日　伊達式部死ぬ（三一歳）。

三月二二日　伊達安芸が両後見に谷地配分の不正を上告する。

一一月　三日　伊達安芸が藩政について仙台目付に訴える。

寛文一一年（一六七一）

一月二五日　奉行柴田外記が幕府の内命をうけ仙台を出発、江戸にむかう。

二月　二日　伊達安芸が涌谷を出発し江戸にむかう。

〃　一六日　幕府申次衆が伊達安芸を召喚し、取り調べる。

〃　二八日　申次衆登城し、安芸上訴の覚書を大老・老中に提出する。

三月　四日　月番老中板倉内膳正の邸で、伊達安芸の覚書について尋問する。

〃　七日　月番老中板倉内膳正の邸で、奉行柴田外記・原田甲斐を尋問する。

〃二二日　老中板倉内膳正邸で、奉行古内志摩を尋問する。

〃二七日　大老酒井雅楽頭邸の取調べにおいて、原田甲斐が安芸を斬る。伊達安芸（五七歳）・柴田外記（六三歳）・蜂屋六左衛門（五八歳）も死ぬ。甲斐（五三歳）もまた殺される。

四月　三日　伊達兵部が土佐の山内家に、伊達東市正が豊前小倉の小笠原家に御預け、田村右京は閉門を仰せ付けられる。

〃　六日　伊達綱基（綱村）登城し、この度の事件について宥免を仰せ渡される。

六月　九日　原田甲斐一族が処刑される。

八月二七日　今村善太夫・横山弥次右衛門が伊予宇和島の伊達家に御預けとなる。

九月二六日　渡辺金兵衛が伊達宮内少輔の江戸屋敷で、絶食して死ぬ。

寛文一二年（一六七二）

四月一七日　幕府が田村右京の閉門を赦免する。

一二月一五日　綱村の妹類姫と伊達兵庫宗元（安芸子息）の子源次郎の婚約、幕府より許可される。

延宝三年（一六七五）

九月二七日　伊達綱基（綱村）初めて仙台に入部する（一七歳）。

一一月　四日　三沢頼母秀三（三沢初子の甥）一門に列し一〇〇〇石を賜わる。

延宝五年（一六七七）

一月　一日　綱基が綱村と名を改める。

四月　六日　綱村、老中稲葉美濃守の息女仙姫と結婚する。

元禄一一年（一六九八）

一一月　遠田・桃生の郡境をもとに復する。おなじころ登米の伊達若狭村直、九一一石の地を加増される。

参考文献（『著書』「論文」その他）

山路愛山　『伊達騒動記』　民友社　一九〇一（一九一二再刊）
大槻文彦　『伊達騒動実録』　吉川弘文館　一九〇九
田辺実明　『先代萩の真相』　博文館　一九二一
斎藤荘次郎　『先代萩実話』　金港堂　一九二八（一九七〇再版）
浅倉寅雄　『伊達安芸と寛文事件』　伊達安芸公頌徳会　一九二九
阿刀田令造　『仙台城下絵図の研究』　斎藤報恩会　一九三六
小林清治　「伊達氏における家士制の成立」　『史学雑誌』62―8　一九五三
〃　「東北大名の成立」　『東北史の新研究』　一九五五
近世村落史研究会　平重道　『仙台藩農政の研究』　日本学術振興会　一九五八
林亮勝　「原田甲斐」　『日本人物史大系』3　一九五九
勝又胞吉　『高尾・政岡・松前八之助の遺蹟を巡りて』　針勝商店　一九五九
児玉幸多　「伊達騒動異論」　『日本歴史』一四一　一九六〇
小林清治　「伊達騒動」　北島正元編『御家騒動』　一九六五
亘理梧郎　「仙台藩における城・要害・所・在所拝領について」

『具体例による歴史学研究法』吉川弘文館 一九六〇
宮城県史編纂委員会『宮城県史』2近世史 宮城県史刊行会 一九六六
佐々木慶市
佐々木潤之介 『大名と百姓』日本の歴史15 中央公論社 一九六六
滝沢武雄 「伊達騒動新考」『史観』75 一九六七
〃 「中村数馬宛奥山大学書状」『古文書研究』2 一九六九
武田八洲満 「樅の木は『倒れた』」『町田ジャーナル』95 一九七〇
小林清治 「伊達騒動実録と樅ノ木は残った」『七十七銀行広報』49 一九七〇
大池唯雄 「実説『樅ノ木は残った』」『文芸春秋』二月号 一九七〇
平重道 『伊達騒動』宝文堂 一九七〇
佐々久 「原田甲斐」『みやぎ』三月号 一九七〇
〃 「仙台藩の一門」『歴史読本』五月号 一九七〇
林亮勝 「伊達騒動の背景」『歴史読本』五月号 一九七〇
吉田直哉 「作業仮説」『歴史読本』五月号 一九七〇
小林清治 「原田甲斐と伊達騒動の真相」『新風土』創刊号 一九七〇

あとがき

いま執筆をおわって、あらためて感ずることは、大槻文彦博士がその著書『伊達騒動実録』にかたむけた努力の偉大さである。

本文にのべたように、博士の説そのものは、大すじからいっても、また部分的にも、批判されるべき点をふくんでいる。けれども、一通一通の文書を求め歩いた徹底的な史料蒐集と、一字をもゆるがせにしない厳密な史料校訂という点では、博士の業績は不滅である。

宮城県図書館・仙台市立博物館・東北大学図書館あるいは個人の所蔵する文書のなかには、もちろん『実録』からもれたものもあるが、それらは博士の蒐集した膨大な史料に比較すれば、補充的なものにすぎないといってよい。

『伊達騒動実録』からもうけた限りない教示に対して、ここに深い感謝をささげたい。

また、本文にふれたように、戦後の諸研究からも、いろいろと教示をうけた。あわせて感謝の意を表する次第である。

さらに、前宮城県図書館長佐々木久先生からは懇篤な注意をいただき、宮城県図書館長茂庭邦元・

同館司書佐藤宏一・前仙台市立博物館長戸沢大作・同館長伊達篤郎・同館の和田清馬・浜田直嗣、東北大学助教授渡辺信夫および亘理正彦の諸氏からは、史料閲覧あるいは図版掲載などについて、便宜をいただいた。あつく御礼を申しあげる。

一九七〇年五月

著　者

『伊達騒動と原田甲斐』を読む

難波信雄

伊達騒動は、表高六二万石を領有する東北の大藩、伊達氏仙台藩に起こった御家騒動で、足かけ一二年におよび、別に寛文事件とも称される。福岡藩の黒田騒動、金沢藩の加賀騒動と並び称される三大御家騒動の一つとして著名で、江戸時代中期には早くも歌舞伎・人形浄瑠璃、講釈などの題材となり、さまざまに潤色された虚構《フイクション》が巷間に流行して史実の解釈にも影響を及ぼした。記録・文書の場合でも、立場の違いによる意図的な改ざんや偽文書、後世の誤伝も珍しくはない。真相を究明するには史料批判に慎重な目配りが必要になる。著者の力量が遺憾なく発揮された本書は、その手本といってよい業績である。

初めにごく簡略に事件の経過をみておくと、伊達騒動は万治三年（一六六〇）七月一八日、第三代藩主伊達綱宗が幕府の命によって逼塞（閉門とも）を命じられ、就位後わずか三年めに二一歳の若さで退位、隠居させられたことにはじまる。幕府から命じられた江戸小石川堀普請の指揮中の行状不良を咎められたのである。次の四代藩主となる亀千代（のち綱基、綱村）は、わずか二歳に過ぎなかったため、六二万石の内からそれぞれ三万石を与えられた綱宗の叔父伊達兵部宗勝と兄の田村右京（のち隠岐）宗良が後見人に指名され、幕府からも国目付（仙台目付）が年ごとに派遣された。

藩政の主導権を握った兵部宗勝派の専権化が進むなか、複雑な対立関係から発生する藩内紛争が絶えず、その結果、寛文一一年（一六七一）三月、仙台藩の有力家臣伊達安芸宗重が知行地の境論争を契機として藩政の非を幕府に上訴、江戸の幕府大老酒井雅楽頭忠清の屋敷内において審問中に、仙台藩奉行（家老職）原田甲斐宗輔が刃傷事件を起こす予想外の結末を迎える。このことによって、逆臣原田甲斐という評価が決定的になり、刃傷により死去した安芸宗重は忠臣として称揚されて、幕府や藩の公式見解にもなっていく。原田家は断絶、兵部宗勝の土佐高知藩山内家預けなど一連の処分がおこなわれたが、伊達家は存続を許された。

この騒動についての最初の本格的な研究となった『伊達騒動実録』は、一九〇九年（明治四二）に吉川弘文館から発行された。蘭学者として有名な大槻玄沢を祖父に、また仙台藩校養賢堂学頭の盤渓を父にもち、自身も文部省で『言海』の編集に当たった大槻文彦が、この事件の膨大な関係史料を網羅的に収集し真相の追究を試みたもので、本書著者が「不滅」と評価される通り、事件の複雑な経過や多くの問題点を発掘した大きな業績であった。しかし、それにしても事件を御家に対する忠臣と悪臣の抗争とみる勧善懲悪主義の時代思潮の規制から自由にはなりえなかったのである。後には大正デモクラシーの時代思潮を背景にそれまでと逆の甲斐忠臣説も主張され、現在でも人間心理の内面描写にすぐれた魅力をもつ小説やドラマの題材とされているが、依然として史実との隔たりは大きい。

一九七〇年に徳間書店から発行された本書は、戦後の新しい歴史研究の成果をふまえた「伊達騒動」（北島正元編『御家騒動』所収、新人物往来社、一九六五年）を書かれた著者が、改めてその全貌を詳述し、真相を追究された待望の書であった。著者は一九七二年に東北大学から「奥羽における戦国大名の成立と展開」の研究論文により文学博士の学位を授与され、スケールの大きな構想と綿密な実証に定評のある大名領国制や織豊政権の研究に多大な成果をあげられた。鎌倉時代以降の伊達氏に関する研究でも衆目の認める第一人者であることはいうまでもない。その著者が、近世幕藩体制の形成期に起こった伊達騒動の事象を具体的に一つひとつ丁寧に検証しながら著者の見解を対置して、事件の真相を明らかにしようとされた書である。その研究分野からみて、もっとも適任な著者によって、いわば時代の子たる伊達騒動の全容が描き出された興味深い書なのである。

著者は、広く関係史料にあたって騒動の具体的な様相を検討され、その結果として、多岐多様に見える登場人物たちの対立・抗争が、実は藩政の集権的な強化を進めようとする藩主（ここでは後見人）側近の藩政担当者と、いまだに一定の保守的な自立性を保ち続けている家臣団との対立・抗争として現れてくることを、興味深く解きほぐしていく。事件の経過だけにとどまらず、家臣団構成の実態からみた課題や、圧倒的な優位を確立した徳川幕府政権の支配下において、個別的な歴史的・地域的特性に立脚する藩政が負った課題を総合的にとらえなおし、紛争の意味を考えようとする著者の姿勢が読み取れるのである。

藩政の集権化が比較的順調に達成された中小の諸藩に比較して、仙台藩ではなぜこの騒動のような問題が生じるのか。著者はまずその根本的な原因として、家臣団構成・知行制度の特徴を指摘する。

仙台藩には家格を示す一門、一家、準一家、一族、宿老（原田甲斐はこれに属す）、着座、太刀上《たちあげ》、召出《めしだし》、平士、組士、卒の別があった。最高家格の「一門」一一氏は、初代藩主となる伊達政宗が、現在の岩手県南部から宮城県、福島県、山形県南部の戦国大名を家臣として召しかかえた家が過半を占め、役職には就かないが、知行地内の仕置き権をめぐって藩と対立したり、藩政のご意見番的な役割を持ち藩主に諫言を行うこともあった。著者は「一門」を「まだ完全な家臣となりきらない面を残存していた」とする。これに次ぐ「一家」や「準一家」の家格には、譜代の重臣や在地領主級の来歴をもつ家臣が多いという。これらの家格には伊達氏の親戚関係にある家も多く、延宝期（一六七〇年代）、大名なみの一万石を超える家臣が八家あり、うち三家が二万石を超える。表高六二万石は平士以上の藩士の知行地分に相当し、藩の財政関係史料では内高として一〇〇万九〇〇〇石余の数値を掲げている。

有力家臣は片倉氏の白石城を別格にして、領内の要地に「要害」・「所」・「在所」などの知行所を拝領した。「要害」は、戦国期までの城館の跡を継ぐものが多く、その修補には幕府の許可が必要だった。知行主の居館の周辺にその陪臣である家中（下中）や足軽の屋敷が立ち並んで小城下の観を呈する。これに次ぐ「所」は交通の要所である町場、「在所」は農村部で規模に差はあるが、いずれも同様の構成をもった。中下級の家臣も知行地の在郷屋敷に居住した。知行地の一部には「奉公人前」と称して家中が直接に耕作し生計を立てている土地もある。農民が耕作する知行地分の年貢・諸役は、一般の村肝入（肝煎）とは別に、「地肝入」をおいて直接に給主（知行主）に納入させていた。このような地域的なまとまりと強固な主従関係に支えられた地方知行制の改変はむずかしく、藩制度の最後まで廃止されずに存続し、他藩に比して最多数とされる家臣団を支えていた。

一七世紀の後半には八割以上の藩が地方知行制から俸禄制へ移行して、藩庫で管理された米を俸禄として支給する蔵米取りが主流になるが、仙台藩ではごく一部の下級身分の者だけに限られていた。また、河川の多い沖積平野には耕地化されない広大な野谷地が残されていて、新田開発が奨励され、その進展にともなって知行地の境界をめぐる争いも起こりやすかった。刃傷事件につながった伊達安芸宗重（一門、涌谷に要害）と伊達式部宗倫（一門、登米に要害）の境論争もその一つである。

著者は、このような状況のなかで起きた伊達騒動を「地方知行と在所拝領にもとづく仙台藩のおくれた構造に立脚しながら、（藩）権力の集中強化がはかられる過程」（一七五頁）で起きた事件と規定されている。専権をふるって批判を浴び、後見人兵部宗勝らとも対立して失脚した奉行奥山大学常辰の政治路線、後見人伊達兵部宗勝の専権とこれに追従したとされる奉行原田甲斐宗輔や行政能力をかわれて登用された「出頭人」渡辺金兵衛義俊・今村善太夫安長らの専政のもとに、反対派藩士や藩行財政担当役人など一二〇人が処罰されたという恐怖政治の出現は、ともに少数の側近派による権力集中の強行をめざす政治路線であった。

著者はこの事件を、「家臣に対する大名の圧倒的優位がまだ確立していない特殊な仙台藩」の時期において、「大名に対する将軍の決定的優位」を確立した幕府との関係の下に、重い普請役の負担、藩主の逼塞と幼君擁立を発端とする相次ぐ藩内紛争、その最終的な決着としての幕府による裁断、が連続して引きおこされた事件であると考え、「幕藩体制のありかたを示す象徴的な事件のひとつにほかならない」と結論されている。

それにもかかわらず、著者は伊達騒動後の仙台藩政においては、幕府の「裁断」によって敗者とされた兵部宗勝らの藩権力強化路線こそが、綱基（綱村）の手で発展させられていったことを指摘して本書を結んでいる。なぜ藩権力の集中強化をはかる必要があったのか。その根源にある問題は、参勤交代制に伴う江戸藩邸経費や、その後も日光東照宮普請など臨時の幕府普請手伝い役賦課などによって加速される借財の累積、藩財政の危機である。そのために「財政難打開のための家臣団への負担転嫁」、すなわち家中に対する手伝い役の賦課が行われた結果、家臣団の困窮と不満が無視できなくなっていたことである。

その解決のために伊達騒動後の綱村時代の仙台藩では、中級家臣からの人材登用と政策決定に参与する出入司（財政担当責任者）、評定役、奉行への抜擢や、役料制などの改革政策が採用されていく。これらの政策転換は綱村の短慮の性格もあいまって専断として保守派の一門・奉行の反発を招き、三度にわたる諫言・強制隠居要求の結果、ついに元禄一六年（一七〇三）には相談役の地位にあった幕府老中稲葉正往（正道）の指示によって綱村は退位・隠居させられる（吉田真夫「伊達騒動――一門の藩政介入」、福田千鶴編『新選　御家騒動』下、新人物往来社、二〇〇七年）。次の第五代藩主吉村は一門の家に生まれて綱村の養子となった初めての傍系藩主であった。この藩主のもとでよりいっそうの制度改正や法整備、藩財政収支の実態把握、家臣の互助制度などが実施されていく。封建官僚制ともいえそうな機構改革と合理化の進む一方で、一門の政治介入も安永二年（一七七三）を境にその性格を変えていくのである。

本書の出版以後、伊達騒動の理解に影響を与えた研究として笠谷和比古『主君「押込」の構造』（平凡社、一九八八年）がある。発端となった万治三年の綱宗隠居について、すでに五月八日頃から親戚大名の柳川藩主立花忠茂、岡山藩主池田光政、宮津藩主京極高国、伊達兵部宗勝らと幕府老中酒井忠清の間で対策が相談され、伊達家一門・宿老・奉行らに対して主君交代の連署状提出を促していた事実が明らかにされている。ただし本書でも指摘されているように一門や兵部宗勝の間ではすでに春（一～三月）ころから綱宗への隠居要求が話題に上っていたといい、綱宗の大酒癖については父の前藩主忠宗も深く危惧していたと伝えられている。笠谷氏の主君「押し込み」慣行の問題提起以後、幕藩関係や主従関係のより深い再検討が進められ、仙台藩でその後に発生した藩主と一門をめぐる「押し込み」に類似した事件の研究も進展した。

また、本書は児玉幸多「伊達騒動異論」(『日本歴史』一四一号、一九六〇年)を引用して、綱宗と後西天皇およびその生母逢春門院隆子との親密な関係が幕府の嫌疑を招いたことを重要な一因にあげているが、この問題については、他の大名にもある儀礼的な贈答関係が主であり、また逢春門院との姻戚関係にも史料的な疑問が指摘され、再検討の必要が提起されている(平川新「創られた虚像—伊達騒動史観—」『市史せんだい』6、一九九六年)。

本書の論点にかかわる最新の研究の進展も注目されよう。平川新氏による『仙台市史』通史編4(近世史2)伊達騒動の記述をはじめ、藩政運営をめぐる藩主と一門の多様な関係に着目してその意義を追究する研究、士民の意識形成にかかわる問題などの多様な興味深い論点が提起され追究されつつあることを付け加えておきたい(浅井陽子「仙台藩武家社会における一門の存在意義」『国史談話会雑誌』五五号、二〇一四年。蝦名裕一「大名の明君志向と藩政」、籠橋俊光「宗勝と宗重」、佐藤大介「天保七年の伊達騒動」、ともに平川新編『江戸時代の政治と地域社会』第一巻「藩政と幕末政局」所収、二〇一五年。平川新「村からみた伊達騒動」『講座　東北の歴史』第二巻、清文堂、二〇一四年。平川新・千葉正樹編『都市と農村』清文堂、二〇一四年など)。

本書の著者小林清治氏は、二〇〇七年四月四日、逝去された。私にとっては東北大学文学部国史研究室の先輩であり、その後長年お勤めだった福島大学を退官されたのちにおいでくださった東北学院大学文学部ではご一緒させていただいた。いつも暖かく接して頂いた。やはり同じ職場においでだった先輩の大石直正氏と学問的な問題に関して話される場面に何度か接したが、お二人とも真摯な学究としての態度を通され、曖昧なままには妥協しない厳しさも教えてくださった。「理論と実証の楽しみ」の粋を尽くして書かれた『奥羽仕置と豊臣政権』『奥羽仕置の構造―破城・刀狩・検地―』（ともに吉川弘文館、二〇〇三年）は、奥羽社会の中世から近世への特徴的な転化の歴史を集大成した業績として永く記憶されるであろう。若い時期に書かれた本書を、あらためてその大きな業績の一環として学んでいきたいと思う。

（東北学院大学名誉教授）

本書の原本は、一九七〇年に徳間書店より刊行されました。

著者略歴
一九二四年　北海道に生まれる
一九四八年　東北大学法文学部（国史専攻）卒業
福島大学教授、東北学院大学教授を歴任
二〇〇七年　没

〔主要著書〕
『伊達政宗』（吉川弘文館、一九五九年）、『秀吉権力の形成』（東京大学出版会、一九九四年）、『奥羽仕置の構造』（吉川弘文館、二〇〇三年）、『伊達政宗の研究』（吉川弘文館、二〇〇八年）、『戦国大名伊達氏の研究』（高志書院、二〇〇八年）

読みなおす
日本史

伊達騒動と原田甲斐

二〇一五年（平成二十七）十二月一日　第一刷発行
二〇二〇年（令和　二　）八月一日　第二刷発行

著　者　小《こ》林《ばやし》清《せい》治《じ》
発行者　吉川道郎
発行所　株式会社　吉川弘文館
郵便番号一一三—〇〇三三
東京都文京区本郷七丁目二番八号
電話〇三—三八一三—九一五一〈代表〉
振替口座〇〇一〇〇—五—二四四
http://www.yoshikawa-k.co.jp/
組版＝株式会社キャップス
印刷＝藤原印刷株式会社
製本＝ナショナル製本協同組合
装幀＝清水良洋・渡邉雄哉

ISBN978-4-642-06595-5

刊行のことば

現代社会では、膨大な数の新刊図書が日々書店に並んでいます。昨今の電子書籍を含めますと、一人の読者が書名すら目にすることができないほどとなっています。ましてや、数年以前に刊行された本は書店の店頭に並ぶことも少なく、良書でありながらめぐり会うことのできない例は、日常的なことになっています。

人文書、とりわけ小社が専門とする歴史書におきましても、広く学界共通の財産として参照されるべきものとなっているにもかかわらず、その多くが現在では市場に出回らず入手、講読に時間と手間がかかるようになってしまっています。歴史の面白さを伝える図書を、読者の手元に届けることができないことは、歴史書出版の一翼を担う小社としても遺憾とするところです。

そこで、良書の発掘を通して、読者と図書をめぐる豊かな関係に寄与すべく、シリーズ「読みなおす日本史」を刊行いたします。本シリーズは、既刊の日本史関係書のなかから、研究の進展に今も寄与し続けているとともに、現在も広く読者に訴える力を有している良書を精選し順次定期的に刊行するものです。これらの知の文化遺産が、ゆるぎない視点からことの本質を説き続ける、確かな水先案内として迎えられることを切に願ってやみません。

二〇一二年四月

吉川弘文館

読みなおす日本史

鎌倉幕府の転換点 『吾妻鏡』を読みなおす
永井 晋著 二二〇〇円

奈良の寺々 古建築の見かた
太田博太郎著 二二〇〇円

日本の神話を考える
上田正昭著 二二〇〇円

信長と家康の軍事同盟 利害と戦略の二十一年
谷口克広著 二二〇〇円

軍需物資から見た戦国合戦
盛本昌広著 二二〇〇円

武蔵の武士団 その成立と故地を探る
安田元久著 二二〇〇円

天皇家と源氏 臣籍降下の皇族たち
奥富敬之著 二二〇〇円

卑弥呼の時代
吉田 晶著 二二〇〇円

皇紀・万博・オリンピック 皇室ブランドと経済発展
古川隆久著 二二〇〇円

日本の宗教 日本史・倫理社会の理解に
村上重良著 二二〇〇円

戦国仏教 中世社会と日蓮宗
湯浅治久著 二二〇〇円

古代日本語発掘
築島 裕著 （続 刊）

吉川弘文館
（価格は税別）